一本影响和改变了无数销售人员命运的销售圣经

SCONSULTATIVE SELLING

The Hanan Formula for High-Margin Sales at High Levels (Eighth Edition)

顾问式销售

——向高层进行高利润销售的哈南方法

（第八版）

[美] 麦克·哈南 *(Mack Hanan)* ◎著

郭书彩 闫屹 ◎译

人民邮电出版社

北　京

图书在版编目（CIP）数据

顾问式销售：向高层进行高利润销售的哈南方法：第 8 版/（美）哈南（Hanan, M.）著；郭书彩，闫屹译. —北京：人民邮电出版社，2013.9

ISBN 978-7-115-32705-5

Ⅰ.①顾…　Ⅱ.①哈…②郭…③闫…　Ⅲ.①销售学　Ⅳ.①F713.3

中国版本图书馆 CIP 数据核字（2013）第 170106 号

内 容 提 要

本书是畅销 40 年的销售经典著作《顾问式销售》的第八版。书中通过对顾问式销售策略的系统介绍、分步骤的实施指南，以及 IBM、惠普、美国航空、摩托罗拉、施乐、NCR、通用汽车和波音等著名公司的案例，帮助读者避免传统的价格谈判，快速完成重大销售；击败低价竞标者；缩短销售周期，控制销售成本；与客户运营经理建立长期可持续的关系。

本书适合所有渴望在销售领域有重大突破的销售人员、销售管理人员以及希望用更低成本打败竞争对手，紧紧抓住客户的企业管理人员阅读；也适合销售培训师、咨询师以及高校相关专业的师生阅读。

- 　　著　　[美] 麦克·哈南（Mack Hanan）
- 　　译　　郭书彩　闫　屹
- 　　责任编辑　许文瑛
- 　　责任印制　杨林杰
- ◆ 人民邮电出版社出版发行　　北京市丰台区成寿寺路 11 号
- 　　邮编 100164　　电子邮件 315@ptpress.com.cn
- 　　网址 https://www.ptpress.com.cn
- 　　涿州市般润文化传播有限公司印刷
- ◆ 开本：700×1000　1/16
- 　　印张：13.5　　　　　　　　　　　2013 年 9 月第 1 版
- 　　字数：120 千字　　　　　　　　　2025 年 8 月河北第 53 次印刷
- 　　著作权合同登记号　图字：01-2012-4001 号

定　价：45.00 元

读者服务热线：(010) 81055656　印装质量热线：(010) 81055316
反盗版热线：(010) 81055315

谨将本书献给我的搭档

詹姆斯·葛里宾（*James Cribbin*）
和
赫尔曼·海泽（*Herman Heiser*）

是他们与我一起着手将销售转化为不断向客户提供新价值的系统。

在前进的道路上，他们孜孜以求，永不满足，始终以更高的绩效标准要求自己。他们的精神无时无刻不在激励着我。

译者序

随着社会经济和科学技术的发展，市场竞争日益激烈，如何满足客户的个性化需求、如何提升产品和服务的差异化，成为销售人员面临的两大挑战。为此，一系列以客户为中心的销售模式和销售技巧应运而生。我们曾翻译过《关系式销售》（因各种原因未出版）和《方案式销售》两本著作。"关系式销售"着重维系和发展与客户的关系，建立客户忠诚度。"方案式销售"针对客户的需求、问题、目标和愿景，为客户提供量身定做的解决方案，帮助客户解决问题，实现目标和愿景。在互联网上进行简单搜索，又可发现许多类似的销售方法，如"体验式销售"、"深度销售"、"一对一销售"、"恋爱式销售"、"挑战式销售"、"攻心式销售"，等等。

对于大客户销售而言，无论销售什么，无论采取什么样的情感策略，无论采用什么样的技术手段，销售的最终目的都是把产品和服务卖给客户，并从中赚取利润。要想一次次成功地这样做，销售者必须为客户带来实实在在的、看得见摸得着的好处。对任何企业来说，还有什么好处比利润的增长更具诱惑力和说服力？若不能为客户带来持续的利润增长，又如何与客户保持长期的合作关系？为客户业务问题制定了有效的解决方案，但没能让客户看到解决方案带来的利润增长，那又怎么样？

顾问式销售直指这一问题的核心，因为顾问式销售不是销售产品和服务，而是销售产品和服务为客户带来的利润增长。**顾问式销售不仅是一种销售策略，而且是一种全新的革命性的销售理念**。这一理念体现在销售所涉及的每一个概念中。在顾问式销售中，销售者的产品不是材料、设备或打包商品，而是客户增长的利润；销售者的销售提案便是利润增长提案（Profit Improvement Proposal，缩写为PIP）；销售者收取的价格不是产品或服务的成本，而是客户为实现新增利润所需的投资；销售者的销售对象不是客户的采购经理，而是业务线经理或业务部门经理；销售者的角色不是"销售者"，而是客户的"顾问"和"联席经理"；销售者的竞争对手不是同类产品或服务的供应商，而是客户目前的成本和收入目标。

本书英文版是享誉全球的销售专家麦克·哈南的经典著作《顾问式销售》的第八版。该书自 1970 年出版以来，已连续七次进行修订和再版，这一事实足以说明其受欢迎程度。在互联网上搜索该书书评，好评如潮，不一而足。40 多年来，该书影响了无数销售人员的命运，为他们带来巨大的成功。Falcon Performance Group 的创始人兼总裁 Jack Malcolm 称之为"有史以来最具影响力的一部销售著作"。

麦克·哈南生于 1925 年 10 月 1 日，卒于 2010 年 11 月 26 日，而本书英文版第八版于 2011 年出版。我们为失去这样一位销售巨人感到惋惜，同时也希望他的宝贵思想遗产能使更多的销售人员受益。

在本书的翻译初期，我们的学生明洋、张茜、董雅婷、于薇做了大量的协助性工作，在此对他们表示感谢。当然他们不应对译稿可能存在的任何问题负责。衷心感谢我们的父母，他们的支持与关爱，是我们工作的动力；感谢我们的女儿，她学习自觉、刻苦，成绩优秀，使我们能够专心于翻译工作。

在翻译过程中，我们多方求证，认真校对，力求精准，但仍难免有疏漏、不妥之处，敬请读者朋友不吝指正。

郭书彩　闫屹

2013 年 5 月于河北大学

英文版自序

有一些 CEO 曾经问我："我为什么需要你?"后来，当他们的客户问他们的销售人员同一个问题的时候，他们才体会到，我能为他们提供一个答案。

当今时代，客户控制着销售方式；产品和服务无论有多新，一旦进入市场很快就被淘汰；获利空间是对提高客户利润的回报，而不是对改进产品与服务的回报；在这样一个时代，如果不能给客户带来新的竞争优势，那你还不如什么也不做。

各个层次的客户方经理（Customer Managers），甚至包括经过技术培训的研发经理、工程经理和信息技术经理，他们不仅精通技术，还精通业务。正如一位首席信息官（CIO）所说：

> 我们典型的供应商派来的人几乎总是传统意义上的客户经理（Account Manager）。谈论有关产品的话题使他们处于"舒适地带"（Comfort Zone）。他们是没有能力驾驭类似"让我们谈谈你的业务发展目标吧，如此这般我们能帮助你实现目标"之类的话题的。也许他们的高管能谈论这些，但我从来没见过他们，他们也从来没见过我，所以他们根本不知道我关注什么。他们总是这么认为："他是管技术的，所以跟他谈技术就行了。"其实，我关心的远不止技术。

今天的客户经理不应再像阿瑟·米勒（Arthur Miller）剧作《**推销员之死**》中的"马路战士"一样，"带着手提箱、带着微笑上路"。如今他们扮演的是"顾问式销售者"的角色，包里装的应该是"提高客户利润的提案"，而不是"产品"。他们凭借的不再是能说会道，而是最伟大的天赋——帮助客户发展业务。作为回报，高利润销售也能使顾问式销售者的业务得以发展。

销售和研发有一个共同的特点，他们都是所有业务部门中最抗拒改变的。他们一代又一代地传承着那些成本效益低下的做法，从公司一次重组传到下一次重组。销售经理用自己曾经被管理的方式来进行

《推销员之死》是阿瑟·米勒戏剧创作上的巅峰之作，荣获普利策奖和纽约剧评界奖。剧中主人公、推销员威利·罗曼（Willy Loman）总是拎着两只沉重的、装样品的箱子奔波在路上，进行巡回推销，故有"马路战士"一说。

——译者注

管理。销售代表不是为了客户的最大利益，而是为了击败竞争对手而销售。一位 20 年前进行最后一次销售的销售人员，在今天的大多数公司都还能胜任销售工作。

基于前所未有的先进科学技术的新兴高科技公司，却在用陈旧落伍的方式进行销售。由三家相同的竞争对手组成的寡头垄断行业，以相同的方式、相同的价格向相同的客户销售相同的产品。

3M 公司的复印业务曾经是柯达公司和杜邦公司的翻版。与大多数寡头垄断行业一样，如果该行业只有两个竞争者，两个都能赚钱。一旦出现第三家供应商，三家的收益就得缩水。当时，3M、柯达和杜邦都不愿意退出复印机业务，将剩余利润拱手让人，并且它们还都不愿意改变销售策略。后来，3M 抱着一种"那又能损失什么"的态度，不再销售成本加成的"印版"，转而通过即时送达客户广告材料，开始销售印刷商收入的"增值价值"。

联合碳化公司曾是一个化工寡头。占其产品 20% 的专用化学品支撑着其余 80% 的大宗基础化学品。专用化学品能够获得高利润，不是因为其他竞争者无法制作，而是因为联合碳化公司能够帮助自己的客户利用这些专用化学品来生产高利润产品。也就是说，联合碳化公司生产的这种专用化学品的独特之处在于，其销售顾问的应用专长，而不是本身的化学成分配方。由于这一独特之处，联合碳化公司给客户提供了更多的价值，从而提高了自己的盈利水平。

陶氏化学原本可以把联合碳化公司作为榜样，可它无法改变其销售策略（为客户提供化学品应用带来的价值，而不是只销售"产品的化学成分"）。差异化被陶氏化学视作一种风险，而不是竞争优势。所以当他的竞争对手采用了顾问式销售策略之后，陶氏还是固步自封，他们认为联合碳化公司所做的一切都不是"陶氏风格"，而且可能是错的。

埃克森、美孚和**雪佛龙**的产品同质化现象曾一度非常严重。任何人只要能为其中一家销售，也就能为其他两家销售。其大多数石化产品的盈利空间也相差无几，任何从其中一家采购的人，同样也可以从其他两家采购。

寡头服务业与寡头产品制造业一样，都不愿意以客户为中心。普

雪佛龙（Chevron）是美国第二大石油公司，主要业务是炼油，世界 500 强企业。2011 年度以营业收入 196 337 百万美元排名十。避免与美国通用汽车公司旗下著名汽车品牌雪佛兰（Chevrolet）混淆
——译者注

华永道的一些合伙人担心，如果普华永道的审计服务不再按价格销售，并且把管理建议书当做价值主张的话，客户的审计委员会怎么说？他们预计会遇到这样的质疑与反对："要是这主意真的这么好，你们怎么到现在才向我们建议？"

多年以来，审计服务一直是一件价值百万的商品，但是没人能从中赚到钱。而把审计服务基于价值，并通过审计师利润增长管理建议书来应用审计结果的做法却被视为**破坏性技术**。审计就像会计身边一条熟睡的狗，谁也不想让它醒来。

检验是否具有竞争优势的方法之一是：假如我们不存在，谁将为我们的客户带来增长？谁将这么有把握地以这么快的速度为客户带来这么多的增长？只要任何一个问题有答案，就证明我们没有竞争优势。如果一家公司的价值能够被复制，那么这家公司也能被复制。复制者不是竞争，他们通过销售具有同样价值或同样非货币化价值的产品与我们互为补充。只有那些能带来明显不同结果的差异化选择（即客户需要经过深思熟虑的选择）的提供者才是我们真正的竞争者，其他的一概都不是。

商品化潮流席卷了所有的行业。报价单成了讨价还价的筹码。没有人记得上一次客户按报价单支付价格是什么时候了。每一个企业都知道这些问题的存在，但很少有企业知道该如何去解决。下面让我们来听听他们是怎么说自己的。

◇ "我们拜访客户组织中各阶层的联系人：采购员、技术人员、业务经理等。其中，我们在技术人员身上花的时间最多，最终却得向采购员销售。"

◇ "我们的客户非常清楚我们的生产成本，也知道如何影响我们的产品成本。只有当原材料成本上涨或市场条件发生变化时，我们才有理由涨价。不管我们为产品附加多少增值服务，客户仍然只愿向我们支付产品本身的价格。"

◇ "我们的销售代表平均每年要进行400多次销售拜访，这使他们整天疲于奔命。他们就像站在了跑步机上，一点一点地把自己的价值消耗掉。他们自己也深知这种困境，但是他们没有时间从跑步机上

破坏性技术（Disruptive Technology）这一术语最先由哈佛商学院的克莱顿·克里斯滕森（Clayton M. Christensen）提出，是指一项意外取代某项成熟技术的新技术。

——译者注

下来做任何其他事情。如果他们尝试那样做，客户的采购员就会想尽一切办法（包括以终止交易相威胁），阻止他们这样。"

◇ "我们从投资增值服务中获得的最好回报就是客户的**优先购买权**。这与支付我们价格溢价不同，客户不需要付出任何成本。"

有一次，我走进一间会议室，看见墙上有一幅标语"是什么让我们与众不同"，标题下面写着，"Compugen 的服务与我们竞争对手的区别是我们员工的能力和业务流程的灵活性"。后面的签名是格里·斯奇布威斯（Gerry Skipwith）。

我在下面的白板上也写了一句话，然后签上了我的名字"麦克·哈南"（Mack Hanan）。我写的是，"Compugen 的客户与其竞争对手的区别是他们的盈利能力以及业务流程的竞争优势。"

上面那句话代表采用顾问式销售之前的优势，下面那句话代表采用顾问式销售之后的优势。

优先购买权（the right of first refusal）：又称先买权，是指特定人依照法律规定或合同约定，在出卖人出卖标的物于第三人时，享有的在同等条件下优先于第三人购买的权利。

——译者注

4

前言

在欧洲管理中心举行的全球营销会议上，一位发言人对在座的250位经理说："如果发展客户是你们业务中的头等大事，那么你就从座位上站起来"。大约三分之一的人站了起来。发言人接着说："如果你们的使命让你们致力于客户增长，那么请你继续站着。"这次只剩下10个人还站着。发言人又接着问这10个人，他们自己业务的增长是否得力于他们（为客户增长所贡献的价值）带来的高定价。结果，10个人全都坐下了。这250个人放弃的价值大约相当于他们国家国内生产总值（GDP）的10%。

顾问式销售是一个提供价值的系统。作为提高客户绩效的回报，顾问式销售也会提高你的利润空间。

◇ 顾问式销售者不是与客户的采购经理、具有采购职能的信息服务经理或电信经理面对面谈生意，而是与客户方那些负责利润中心或成本中心业务的中层运营经理肩并肩管理业务。

◇ 顾问式销售者不是按照价格和性能来销售产品、服务或系统各功能和各特性的附加成本，而是销售为客户利润增长所贡献的增值价值。

◇ 顾问式销售者不向客户要钱，而是以投资回报的形式帮客户挣钱。

◇ 顾问式销售者不使用列出单项价格的规格单，而是通过对单项节约的成本和增加的收入进行成本收益分析，来说明他们能增加的价值。

◇ 顾问式销售者不是靠能说会道把竞争对手比下去，而是通过帮助客户提高竞争优势来赢得客户。

◇ 顾问式销售者不是空口说合作，而是创造出能让他们与客户建立真正伙伴关系的新现金流。

◇ 顾问式销售者不仅仅宣称能带来增值价值，而是在提案中把增值价值量化，为增值价值规定时间框架，定期对增值价值进行测量，销售增值价值，依据增值价值评估自己，并按照增值价值收取报酬。

Metaphor 计算机系统公司的安·格森（Ann Gessen）给其经理的一份内部备忘录是每个销售人员初次接触顾问式销售时的典型写照。

昨天我向客户展示了我的第一份 PIP，那是我展示给一位高级运营副总裁的一个初步 PIP，我是想在向他和其他高级经理正式展示之前得到他的反馈。他简直欣喜若狂！"这东西太棒了，我真不敢相信。你们公司终于把我当成一个业务经理来对待了。来这儿之前我一直担心你会跟我讲价格和性能那些老一套的东西。现在真是一块石头落了地啦！"在那一刻，我真想给麦克·哈南一个吻。

假如安·格森是一名推销者，而不是顾问式销售者，那么她可能会给客户介绍"讨论文件"或相关概念，两者都表明她对客户业务与她自己业务之间关系的无知。更丢人的是，她可能会试着向客户销售一项"研究"。她为这种无知所付出的昂贵代价就是价格折扣。

利润增长提案（Profit Improvement Proposal，缩写为 PIP）就是原来的价值主张。所有销售投资收益率（Return On Investment，缩写为 ROI）的销售提案或运用成本收益分析表的提案都源于 PIP。

PIP 就像是转换机，它能把供应商技术的运营效益转变为客户的财务收益。因为技术的描述可以多种多样，而财务收益是商界的通用语，所以即便是最奇异的技术，在节约运营成本和提高运营收益方面能为提高客户的竞争力做出多大的贡献，客户经理一下子就能看出来。

PIP 的重点是通过降低运营成本为客户的成本中心增加价值；通过提高收入和收益，为客户的利润中心增加价值。

在这两个方面，PIP 影响着客户方的两个变量：可变成本和收入弹性。PIP 的时间框架很短，这使得客户资本能够快速循环。连续的 PIP 又能使资本尽快实现再循环。

PIP 用货币来衡量增量价值。通过一个转换机制，PIP 能够把时间变成钱。

同样，PIP 也把劳动密集度的降低和生产率的提高货币化。在
PIP 中，客户节省了多少磅的重量，多送了多少箱、多少加仑、多少
车皮的货，都折算成了相应的钱数。

PIP 通常着眼于提高客户有形资产贡献的利润，但它同样也能提
高无形资产对利润的贡献。在顾问式销售者看来，戴尔公司的按订单
装配系统就是降低成本的方式；顾问式销售人员关注的是如何把目前
已经很低的成本再降低一些。沃尔玛的供给链管理系统每天为其店面
提供低价货物，这也是降低成本的方式。顾问式销售者关注的是如何
提高供给链的管理效率才能更进一步降低基础成本（Cost Base），从
而提高收入。

在那些致力于提高亚马逊网站盈利能力的顾问式销售者看来，对成
功至关重要的互联网管理技术是其中的一个收入来源。

相比推销式销售，顾问式销售能让你赚更多的钱，这是因为顾问
式销售能够创造出推销式销售永远无法带来的新的高利润销售量。流
向你业务的这些新的增量现金流，其净价值更高，因为实现这些现金
流所需要的销售成本低于推销式销售的成本。

表 P-1 显示的是某项信息技术产品线在采用顾问式销售之前和之
后十年的基准值，基准值根据的是下列五个关键绩效指标：平均利润
率、销售周期长度、平均每个销售代表的年销售额、平均每笔销售的
货币价值以及每位销售代表的销售额与投资比。

表 P-1　采用顾问式销售前后的基准值

关键绩效指标	采用顾问式销售之前	采用顾问式销售之后
平均利润率	0.80	350.0
销售周期长度	365 天	90 天
平均每个销售代表的年销售额	150 万美元	450 万美元
平均每笔销售的货币价值	30 万美元	125 万美元
每位销售代表的销售额与投资比	5：1	100：1

顾问式销售同样适用于那些非营利性或不以营利为目的的公共部门客户。

当销售代表将第一份 PIP 呈给客户经理，并开始认真思考 PIP 中的问题与机遇诊断、确定最佳解决方案设计向上级申请资金来结案时，就意味着推销式销售的无知已经结束，而顾问式销售的智慧已经开启。

顾问式销售的三个策略能帮助你用最短的时间、最高的命中率来完成 PIP 周期。这三个策略是：把自己定位成一名价值增加者，提出你能增加的财务价值，并与客户方经理合作实现这一价值。

如果使用**PIPWARE** 软件，你用的时间会更少。用该软件完成一份 PIP 最快只要不到一分钟的时间，每增加一次**迭代仅需 60 秒**。

当你通过 PIP 这一媒介与客户方经理结成合作伙伴时，你的提案就不仅仅属于你自己了，客户的实时参与还会使你的提案变成"我们的"提案。这实际上形成了一种合伙业务：通过与你共同制定解决方案，客户进行了预投资，而这是向其资金投资迈出的第一步。这样一来，PIP 几乎百发百中：不中标才怪，因为在你的帮助下，客户相当于在向自己提建议。

Mosaix 是一家通信服务公司。其员工曾这样说： "多年来，**Mosaix** 靠优越的技术赢得交易。我们的销售人员专注于销售产品——非常棒的产品，但也只是产品而已。我们被卷入价格战，我们说自己的技术优越，而我们的竞争对手也说他们的技术优越。客户被搞糊涂了。结果，我们竞标命中率下降到只有十分之一。"

他们这才恍然大悟：要通过降低客户成本和提高客户收入来进行价值竞争。于是 Mosaix 公司尝试采用顾问式销售。"我们的顾问式销售者在竞标中十投八中，而且都是高利润销售，他们的业绩让那些产品销售者黯然失色。"

就 Mosaix 公司来说，除了确保利润空间，提高投标命中率，顾问式销售还有另外一个好处——**把竞争者排除在外**。

正如 Mosaix 公司所发现的那样，顾问式销售重构了整个销售流程。

利润增长提案以及 PIPWARE 都是本书作者的注册商标。PIPWARE 是运行顾问式销售专家系统网络培训计划的计算机软件。

迭代法（iteration）也称辗转法，是一种不断用变量的旧值递推新值的过程，跟迭代法相对应的是直接法（或者称为一次解法），即一次性解决问题。
——译者注

◇ 它重新定义了产品，使产品不再代表一种原材料、一件设备或打包商品，而是代表利润。

◇ 它使价格不再代表产品、服务或系统的成本，并将价格重新定位成实现增值价值所需的投资。

◇ 它重新定义了竞争对手，使竞争对手不再代表同类产品的供应商，而是代表客户目前的成本或销售收入目标。

◇ 它重新定位了供应商的核心能力，供应商的核心能力不再是销售优化的产品或服务，而是为**客户创造提高的利润**。

◇ 它重新定义了客户，客户不再是技术采购者，而是**业务线经理或业务部门经理**。

◇ 它重新定义了销售者，销售者不再是推销者，而是**顾问**。同时它也把客户重新定义为**委托人**。

顾问式销售的出现，让基于价格和产品性能的推销式销售成为"企业对企业"（business- to- business，简称 B2B）销售的默认策略。以产品为中心的销售只留给了那些不知道其应用价值、不能为应用价值定价因而也就无法销售应用价值的供应商。对于那些满足于销售商品而不是品牌，那些相信薄利多销能弥补利润损失，以及那些专注于击败竞争对手而不是创造（为客户带来增长的）杀手级应用（killer aps）的供应商来说，以产品为中心的销售仍然是其备选策略。

顾问式销售的关键成功因素是它能够把价格与投资联系起来，从而使价格不再受制于成本和竞争。这样一来，价格就可以与销售者将获得的新增利润价值进行比较——换句话说，价格可以与价格本身的回报比较，而不是与成本或产品性能比较。

通过将销售单位从一件产品改为一项利润增长，顾问式销售改变了销售所依赖的基础。所有的销售都是比较的结果：推销者根据价格和性能比较竞争性产品，而顾问式销售者比较的是客户当前的运营绩效和未来的提高值。后者的独特之处就在于，他们销售这种提高值。

有了顾问式销售，客户经理就能成功上演销售中的"帽子戏法"：

第一，促使客户更多地使用销售者的产品或服务；

第二，从中获取更高的利润；

第三，为客户提供高于价格折扣的收益。

最初，顾问式销售构想只是一种销售策略，但随着该策略的逐步展开，它改变了竞争的条件和条款，改变了供应商与客户的关系，同时也改变了实施顾问式销售的那些公司的组织结构——组织结构改变不仅仅体现在营销支持以及客户参与研发这些能够预料到的运营方面，而且还体现在独立或外包销售力量的组织形式，以及双层销售力量模型（two-tier sales force model）。该模型上面一层是致力于关键客户的顾问式销售者，下面一层包括第三方转销商（third-party resellers）、电话营销商（telemarketers）和零售商。

顾问式销售者的增值价值在于它能够把智力资本应用于销售提案，从而为其增加价值；如果没有加入智力资本，则提案只是一个关于物质资本的销售提案。物质资本只是商品，只有智力资本带来的增值价值才能品牌化。智力资本是每个顾问式销售者高度个人化的东西，最终将成为顾问式销售者的核心竞争优势。在使用同样物质资本的情况下，由于智力资本的差异，一位销售者设计的解决方案能使每个客户每一美元的投资获得 1.5 美元的回报，而另一位销售者的解决方案也许只能获得 1 美元的回报。

随着供应商与客户间的接触点在价值链上由销售者与采购者接触，变为联席经理与经理接触，在供应商的所有员工当中，只有顾问式销售者具有监督、指导双方共同增长所需要的理念和技能。他们是客户增长的天然合作伙伴，也是自己公司源源不断利润的天然创造者。

随着顾问式销售开辟新一代业务，顾问式销售者正在成为直销队伍中的惟一幸存者。谁还需要那种只会谈折扣的推销者？谁还用得起那种销售成本比所获利润还高的推销者？若客户不通过与人接触，直接在其网站发布招标书（Requests for Proposal，缩写为 RFP）或直接向外传真招标书，推销者的价值该如何体现？随着客户外包并缩小其采购部门，推销者还能拜访谁？

顾问式销售就是要最终实现一对一营销：一份 PIP 针对的是某一

项应用为利润增长做出的贡献。每份 PIP 都自成一类，且都基于特定行业特定运营的特定应用，在提高关键绩效指标（Key Performance Indicators，缩写为 KPI）时，它也基于特定的客户方经理。每一份 PIP 同时也基于特定的销售代表，因为它源自每个销售代表的内在理念。除非是巧合，其他任何人都不可能以完全相同的方式诊断客户的问题或机会，或者设计出在同一时间框架内完全相同的投资方式和收益。因此，顾问式销售既是单个客户营销，也是单个销售代表销售。

顾问式销售者应该能够指出，他们特定的 PIP 为客户运营做了什么持续性的贡献。

◇ 已经应用 PIP 的客户业务线的现金流是否在数量上有所增长？是否在速度上有所加快？增长的价值是多少？更快的现金流入带来的价值是什么？

◇ 营运资本是否有所增长？增长了多少？是在 PIP 实施后多久实现的？

◇ 应收账款是否回收得更快？回收更快的价值是多少？回收每一美元应收账款的成本降低了多少？

◇ 当日发货量是否有所增加？增加的发货量价值多少美元？是在 PIP 实施后多久实现的？

惠普公司的苏珊·权（Susan Kwon）学到这些概念以后马上付诸应用。她在一篇题为"我们如何在摩托罗拉初战告捷"的会谈报告中谈到了顾问式销售的收效。

过去五年我一直是一名典型的推销者，用的是传统的技术销售方式，后来我改用麦克·哈南的顾问式销售方法。我首次尝试顾问式销售的对象是摩托罗拉公司，我要销售的是用于汽车工业的价值数百万美元的计算机集成制造设备。

我们计划好在什么时间与摩托罗拉公司召开提案会议。然后，我们分别向摩托罗拉的副总裁、集团业务和服务主任以及集团运营总监发了一封信，信中强调了三点：第一，我们只占用他们一个小时的时间；第二，我们想向他们说明如何提高他们集团的盈利能力；第三，我们的结论依据的是与他们的人员共同开发的财务模型。我们引起了他们的注意，会议事宜就此敲定。

当我们开始展示 PIP 时，整个会议室变得鸦雀无声。所有的人都目不转睛，侧耳倾听。惠普与客户合作，来量化惠普系统能够带来的潜在成本节约和投资收益，摩托罗拉被这种方式打动了。这些数字看起来棒极了！摩托罗拉的集团财务总监还提供了我们模型中没有包括的最新成本节约数据，这些数据进一步提高了投资收益数字。我真的感觉到我们是在与摩托罗拉高层决策者共同就他们公司的利润进行真正的交流。

这个项目还没有进入招标环节，就被我们拿下了。麦克·哈南的顾问式销售方式为我们提供了一个工具，使我们能够拜访那些对我们的利润方式非常感兴趣的高级经理和高层决策者。现在，我们拥有了能为客户省钱的量化数据。我们不再是推销者，而是客户的合作伙伴。

顾问式销售能使企业采用图 P-1 所示的双层销售力模型（two-tier sales force model）。而该模型能使企业把第一层中顾问式销售策略的成果品牌化。在这一层，销售者因为销售高价值而获得高利润。在第二层，可以以更低成本、更低利润和更大的销量来进行商品和服务的销售。

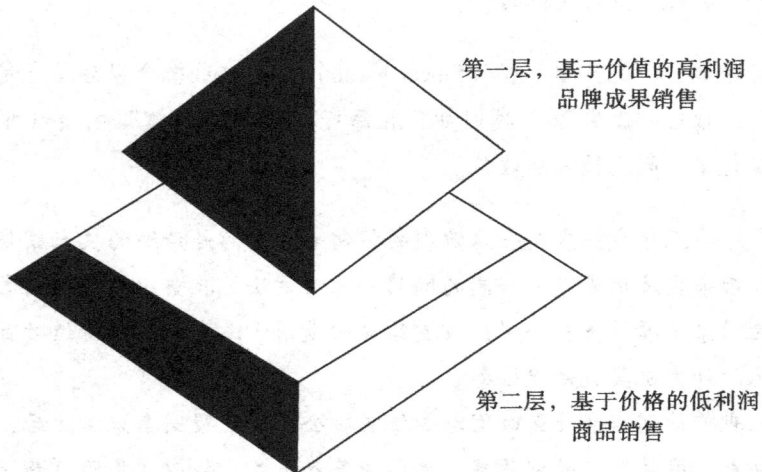

第一层，基于价值的高利润品牌成果销售

第二层，基于价格的低利润商品销售

图 P-1　双层销售力模型

第一层，即顾问式销售层，是把供应商的智力资本应用到客户运营上。智力资本以咨询、实施、信息、指导以及对结果的评估等形式转给客户。这些统称为领域专长（domain expertise），也是顾问式销售者的核心能力。

第二层，销售那些蕴含在供应商软件和硬件产品组合中的技术资本，技术资本包含智力资本。智力资本内化在每件产品之中，通常是内化在自动应用顾问式销售专业知识和技能的软件程序里。

供应商第一层销售常见的高利润，使得供应商能够承担得起顾问式销售者的成本。他们支付销售者个人与客户方经理结伙的成本，同样客户方经理通过实现 KPI 支付自己与顾问式销售者合伙的成本。

与此相反，第二层的低利润销售不允许人们对产品做任何事，也不允许人们为使产品应用成果最大化而提供咨询。因为任何干预都会增加成本。商品业务以市场价格销售，因为它们自己没有定价权。由于利润空间缺乏差异性，它们无法从价格中获得高利润。因此，第二层的销售被外包给第三方转销商、经销商、分销商、电话销售商、目录销售商以及互联网网站上的各种电子商务。

第一层和第二层对应不同的细分市场。第一层向客户业务线的运营经理以及支持性业务部门销售增值价值。而第二层的产品则由采购经理根据价格和性能规格来购买。第二层虽然价格低却能维持下去，这是因为销售成本低。另外，虽然第一层可能仅占总销量的 20%，但销售利润却占总利润的 60% 到 80%，其较高的利润空间补偿了较高的销售成本。

第二层不同于第一层，不仅仅是因为利润较低，成本较低，还因为它根据价格来销售产品，而顾问式销售则销售产品应用带来的增值价值，后者是对客户投资的回报。

本版《顾问式销售》强调了销售顾问与客户方经理的合作是最为关键的成功因素。他们是一个把销售变成顾问式销售的团队。

顾问式销售不仅仅是让推销式销售代表提高其可盈利收入贡献的重新定位策略，同时也是让客户方运营经理与顾问式销售者共同管理以提高自身利润贡献的重新定位策略。

有史以来第一次，一种销售者策略同时也是客户策略。合作双方只有通力合作才能使其成功。

第八版与前几版的不同之处是它强调了惟一可持续的利润空间是基于价值的利润空间；惟一不能折扣的价格是基于价值的价格。让所有竞争者在价值上持平从而摧毁利润空间的商品化，不但不可避免，而且是越来越随着商品入市的瞬间突然发生。因此没有品牌成果，定价权根本无从谈起。

第八版提醒人们注意以下这点：如果没有投资回收保证，没有投资收益预览，客户自行投资的规模就会越来越小、速度就会越来越慢，次数就会越来越少，而且间隔还会越来越长。此外还要注意价格的下降。越来越少的价格能够等于或超过供应商因其所做贡献而从客户提高的利润中分享的收益。投资回收保证和收益分享是同一枚硬币的两面。投资回收保证为客户风险设置了安全底线，而收益分享在客户增长机会大门被无限打开的同时，也消除了供应商所得报酬的上限。

这些新的不同的策略及其新的不同应用，不是预言，也不是幻想；它们是 21 世纪顾问式销售的绩效标准。

CONSULTATIVE
SELLING™

目录

1

第2部分

顾问式提案策略 / 100

附录 A

客户方经理如何做出资本支出预算 ／165

附录 B

客户方经理如何决定租赁还是购买 ／179

附录 C

客户方经理如何用数字来规划和评估投资 ／186

引言：

顾问式销售的使命

顾问式销售是一种提高利润的销售模式，其销售对象是客户方关心利润的高层决策者。事实上，这些人的职责就是赢利，利润是对他们进行衡量和评估的尺度。顾问式销售就是以高利润空间销售，这样你就可以与客户分享你提高的利润。向高层决策者销售高利润——这就是顾问式销售的精髓。

自 1970 年以来，顾问式销售彻底改变了关键客户（key account）销售模式。它帮助客户实现了业务增长，也使供应商与客户一起赢得了新收益。顾问式销售将取代传统的对抗式买卖关系，代之以建立在利润增长基础之上的互利双赢合作关系。要做到这一点，顾问式销售者需要运用与推销式销售完全不同的销售策略。这意味着销售人员不再销售产品和服务，而是开始销售产品和服务对客户业务产生的影响。因为这种影响主要是影响财务，所以顾问式销售意味着销售新增利润——不是提高性能优势或改进互动系统，而是为每位客户的盈亏平衡线增加的新利润。

顾问式销售与推销式销售的最大区别就是二者对待价格的方式。推销者根据成本制定价格，他们声称自己理应得到一个"公平价格"来维持利润空间。而顾问式销售者根据其价值来制定价格，他们将利润空间视为自己的责任，而非权利。在他们看来，销售者有责任为客户的业务增加足够多的价值，这样客户就能反过来提高销售者的利润空间。

从这个意义上说，利润空间就是顾问式销售者因其提高了客户绩效而得到的报酬。销售本身不再是产品或服务与价格的交换，而是一种价值交换。由于利润得以增长，客户将增长的一部分利润，以利润空间的形式回报给供应商。

顾问式销售者的价格取决于销售者为客户利润增长所做的贡献。销售者使价格最大化的惟一途径就是利润增长价值最大化。这就要求销售者不再销售产品本身，因为仅靠出售销售方自有资产的价值来获得利润空间已变得不可能了，只有帮助客户把他们自己的资产变得更有价值，销售方才能获利。

顾问式销售销售的是利润优势，而不是产品或流程优势。这一使命绝不能含糊，做不到这一点，就变成了推销式销售。

推销式销售是一种折扣销售，靠出让价值达成交易。除了降价，折扣还可以采取许多其他方式，每种方式都意味着放弃一些利润，最终导致销售价格的隐性折扣。例如：

◇ 每年固定价格折扣的长期销售合同；

◇ 零存货和准时交货；

◇ 参与产品开发；

◇ 免费售后服务，如培训与维修；

◇ 免费升级；

◇ 低于市场利率的租赁融资。

与此相反，顾问式销售是高利润销售。全额利润空间正是价值的证明。如果利润空间打了折，就说明价值没有被销售出去。最常见的原因是价值不为人所知，或者价值无法被证明。

产品或服务所蕴含的性能价值是从客户由此获得的财务价值中得以印证的。只有当性能价值为客户运营做出贡献时（要么增加新收入的价值或利润更高的收入的价值，要么通过减少或规避成本而保持价值），性能价值才有意义。

折扣否定了产品或服务中已经投入卓越价值，也否定了客户能从中获得卓越价值。即便有这种可能，折扣也使它变得无法证明。在每一笔打折销售中，价值不是被否定就是被贬低。很明显，这剥夺了销售方应获得的正当回报。也许不那么一目了然，但事实上客户也蒙受了损失。对客户而言，除非他们事先知道可从中期待什么价值（赚取多少新利润，需要多长时间赚取那些利润），否则不能马上行动。这样一来，他们也承担了机会成本，因为他们不能把特定的价值最大化。所以，折扣销售方式下，客户和供应商的增长其实都受到了影响。

早在 20 世纪 70 年代，阿道夫库尔斯公司（Adolph Coors Company）的比尔·库尔斯（Bill Coors）就说过，溢价所依赖的价值不能单纯依靠"我们竭尽所能做出最好的啤酒"。要想保住以前单凭产品质量就很容易保住的利润空间，你必须想方设法让客户在某一方面做到最好。1977 年，一家叫做 Vydec 的公司发现，即便在当时，当其与同类信息系统日益降低的成本竞争时，越来越不容易从成本上证明其高质量、高价格信息系统的合理性。当该公司的经理们意识到硬件性能不再能为高价格开脱的时候，已为时太晚。他们后来承认，"未来的硬件全是一个模样。最大的价值将蕴含在培训、软件和系统支持当中。至于硬件，你几乎可以免费赠送。"

顾问式销售和推销式销售的区别

推销式销售和顾问式销售的区别很大，它们所用的语言不同、理念不同，对产品、价格、性能、客户，甚至是销售本身的定义也不同（如表 I-1 所示）。两者最主要的区别在于它们通过销售来创造利润的能力不同。

表 I-1 顾问式销售 vs. 推销式销售

顾问式销售	推销式销售
销售者把利润作为产品销售	销售者提供产品
销售者为客户投资提供收益	销售者收取价格
销售者使用 PIP 方式	销售者使用竞标方式
销售者量化客户投资的收益	销售者试图证明成本的合理性
销售者将客户的投资与收益联系起来	销售者将产品和价格联系起来
销售者帮助客户与他们自己的对手竞争	销售者与自己的对手竞争
销售者让客户结案	销售者试图结案
销售者向业务经理销售	销售者向采购经理销售

（续表）

顾问式销售	推销式销售
销售者着重于客户绩效的提高	销售者着重于产品的优化性能
销售者的产品是客户增长的利润	销售者的产品是设备、服务、流程或系统
销售者向某个特定行业以及该行业内的特定客户纵向销售	销售者向某个特定地域内的所有行业横向销售

　　顾问式销售者对销售流程有独特的定位，他们认为销售方法有两种，一种是局外人的方法，这也是大多数供应商对待客户的方法。客户的把关者是他们的采购部门。在这一关，想以高价销售的推销者与希望以低价购买的把关者针锋相对。这就是销售周期开始的地方，随着销售成本开始累积，利润空间被消耗殆尽。如果面临的是人称"教练级"、"冠军级"和"老狐狸"等训练有素的把关者，供应商的销售成本会加大，销售周期被拉长，最终的折扣也更大。与此同时，远离把关者的顾问式销售者却是在扩充客户的预算，增加客户的现金流，提高客户的最终利润。在同样的客户世界里，这两种销售策略每天都在上演。

　　两者有什么区别？区别在于它们遵循了不同的原则。

◇ 推销式供应商销售电脑是因为他们生产电脑。顾问式销售者可能也生产电脑，但他们销售的是减少客户停机时间而为客户增加的价值。

◇ 推销式供应商销售包装材料是因为他们生产包装材料。顾问式销售者可能也生产包装材料，但他们销售的是通过增加客户收入、降低成本，从而为客户增加的价值。

◇ 推销式供应商销售无线电话系统是因为他们生产无线电话系统。顾问式销售者可能也生产无线电话系统，但是他们销售的是通过以更具成本效益的方式分配劳动力，从而为客户增加的价值。

> 推销式供应商无论生产什么，都是销售什么。
>
> 顾问式销售者无论生产什么，都是销售其增加的价值。

　　在销售过程中当价格与价值相遇时，顾问式销售与推销式销售的本质区别就一目了然了。

◇ 推销者向那些想把需支付的运营资产价格最小化的采购者销售，这就迫使他们与其他卖家进行竞争。而顾问式销售者向那些想把其资产新增价值最大化的运营经理销售，这使得顾问式销售者可以对比客户当前的成果和未来将具竞争优势的成果，从而进行销售。

◇ 采购者想减少两种类型的直接成本：获取成本和拥有成本。而运营经理想减少因延迟造成的机会成本，以使其业务更有竞争力。这就是为什么采购者可以等待更低的价格，而运营经理不能等待增值价值。

◇ 采购者想通过产品降价来帮助供应商降低内部运营成本，并从中分享收益。客户运营经理想降低自身的内部成本，而且愿意分享绩效提高带来的收益。这就是为什么采购者试图操控供应商的运营，而客户运营经理会请顾问式销售者来帮助他们操控运营。

做出三个选择

　　销售为从业者提供了三个选择。如果能做出正确的选择，他们就能把自己产品和服务的盈利能力最大化。然而，在此之前，他们必须认识到两点：首先，这些选择已经提供给他们；其次，能够带来非传统利润和收入的答案，其自身也是不符合传统的。下面我们具体来看一下这三个选择。

第一，你想让人比较什么？一切销售都会引发比较。传统的比较是比哪个供应商的产品更好。如果你选择让客户比较你的产品和竞争对手产品的功能和特性，客户就会无视所有的相似之处，并通过贬低产品不同之处价值的作法来要求你打折。如果产品惟一的区别是价格，那么你的利润空间将会遭受沉重的打压。

你也可以选择另一种比较方式。如果你能影响客户的某项业务或业务部门，那么你可以与客户目前从该业务或该业务部门获得的价值进行竞争，而不是与另一家供应商进行价格上的竞争。如果你能影响成本中心，那么成本中心目前对成本的贡献是多少？如果你能影响利润中心，那么利润中心对利润的贡献又是多少？无论是哪一种情况，客户当前的绩效就是你的竞争对手。你能否帮助客户区别于其竞争对手，从而使其获得竞争优势（这正是你的客户们正在努力做的事)？如果答案是肯定的，你就能向他们销售。

如果你选择提高客户的竞争力，那么你的竞争对手将变成客户自身不必要的高成本和不合理的低收入。

第二，你想给出什么定价？价格总得是"某种东西"的价格。传统的定价对象是产品或服务。如果你选择给你的产品定价，客户就会把你的价格与竞品的价格进行对比。如果你的产品与竞品大同小异，或者优势不突出，甚至还不如竞品，那么你的价格就得往下降。

你也可以选择另一个定价对象。为了不让客户比较产品价格，你可以给某一种投资定价，然后把该价格与客户的投资收益联系起来。当客户将收益与所需的投资进行比较时，就能看出该项投资（指付给销售方的报酬）的收益率和他一直进行的所有其他增量投资的收益率哪个更高。此时，客户的投资绩效就是你的竞争对手：只要你达到了增量投资的最低预期收益率，你在客户眼里就代表一笔可接受的交易。

> 如果你选择为客户赚更多的钱，你就成了客户的资金供应者。你的价格不再是一种成本，而是一项可盈利的投资。这样，你的价格就可以直接与其收益进行对比，因而也就不必再与竞品的价格进行对比。此时，你不仅不用降价，客户还有可能增加投资，前提是这种投资能够给客户带来更高的收益。
>
> **第三，你想让谁来做出购买决定？** 客户方的决策者有两种人：一种是采购经理，他们根据产品的价格来购买；另一种是业务经理，他们管理成本中心或利润中心，这些人不直接购买，而是通过为业务线或自己管理的业务部门推荐增值提案，向高级经理申请资金。

传统意义上的采购者是成本控制者。如果你选择由他们来做决定，他们会恪尽职守，通过谈判一点一点压缩你的利润空间，从而降低"商品的购买成本"。这是他们的职责。你们之间是一赢一输的关系，而且你输的要比赢的多。

你也可以选择与业务经理合作，他们在企业中扮演你的"销售搭档"，"推销"你能帮助他们提高利润贡献的提案。为了争取到资金，他们与其他业务经理竞争；如果拿不到资金，他们的业务就不能增长，同时他们自己也得不到发展。如果你可以帮助他们向公司承诺更多、更快或更有把握的收益，从而提高他自己提案的价值，那么他们就会成为你的销售搭档。

实现三个转变

如果能在观念上实现以下三个转变，推销式销售人员就能变成顾问式销售人员。

第一，将价格转变成投资。价格是一种成本，对客户而言，它是负值，支付得越少越好。而投资则暗示着收益，投资的收益是正值。为了获得相应的价值回报，客户会相对大方地投入资金。

第二，将产品或服务转化为产品或服务应用于客户某项运营所产生的货币价值。顾问式销售者销售的是应用增值价值（value added by application，缩写为 VABA），而不是单纯的产品或服务。顾问式销售者将技术性能货币化，把诸如投入市场更快、停工期更短和周转速度更快等效益转化为对客户营业利润的货币贡献。

第三，将重点从做成单笔销售转移到做成连续不断的销售组合，这样每一笔销售都是前一笔销售的合理迁移（migration）。客户的利润增长不应该是零星的、间歇的事件。相反，它必须是一个可以预测源源不断新现金流的持续过程。对利润增长的依赖是每一个顾问式伙伴关系的要义。

下面展开分析一下这三个转变。

将价格转变为投资，使得顾问式销售者能够以"给客户送钱而不是以要钱"的身份出现，从而将传统购买决定导致的现金流出变成投资收益带来的现金流入。

从技术性能向财务绩效的转变，体现了顾问式销售的主旨：提高客户的盈利能力，从而加强客户的竞争优势。

把产品线销售管理转变为利润项目投资组合管理，使得顾问式销售者能够将其使命与客户运营经理的使命结合起来：客户运营经理习惯制定长远规划，顾问式销售者也必须这样做；客户运营经理必须扩大其资产基础（asset bases），顾问式销售者也必须这样做；客户运营经理所得报酬取决于他在多大程度上能将资产收益率最大化，顾问式销售者也必须这样。

推销式销售人员需要"打动铁腕人物"，而顾问式销售者却要

"让钱动起来"。后者把客户的资金引向投资，又把投资引向收益，再把每一笔投资的收益引向下一笔投资。与客户一样，顾问式销售者只有使资金以不断增值的方式循环周转，才能赚到钱。要想让资金保持流动，销售者必须经历上面提到的三个转变。闲置资金代表着停工期，没有收益的投资则毫无意义，这两者都使客户的资金无法周转。而根据快速盈利的提案所做的投资能够充盈资金，调动人们用它来赚钱的积极性，同时也确保顾问式销售者拥有长期的潜在客户群。

运用顾问式销售流程

图 I-1 为顾问式销售流程的四个步骤，下面具体说明一下。

1. 流程始于你通常为客户运营所增价值的价值数据库。你通常的增值价值，即你的"基准值"，来自价值数据库。

2. 将客户的收入和成本与你的基准值进行比较，便会自动地生成一个销售线索数据库。一旦你的基准值比客户当前的绩效更有竞争优势，那么就存在一个销售线索的机会。

3. 有希望的销售线索流向可结案提案，每一宗结案的提案，其结果又反馈到价值数据库，从而丰富你的基准值。

4. 整个流程以一个合作渗透计划告终，该计划锁定了你与客户的顾问式伙伴关系，并且将竞争对手排除在外。

霍尼韦尔监控系统公司（Honeywell Control Systems）向原始设备制造商（Original Equipment Manufacturer，缩写为 OEM）销售。通过运用顾问式销售策略，霍尼韦尔公司得以和它的 OEM 建立了伙伴关系，并与之分享因此创造的增值价值。该公司设计了一个货币价值收益核检表，其中的每一项收益都能构成高利润销售的基础。

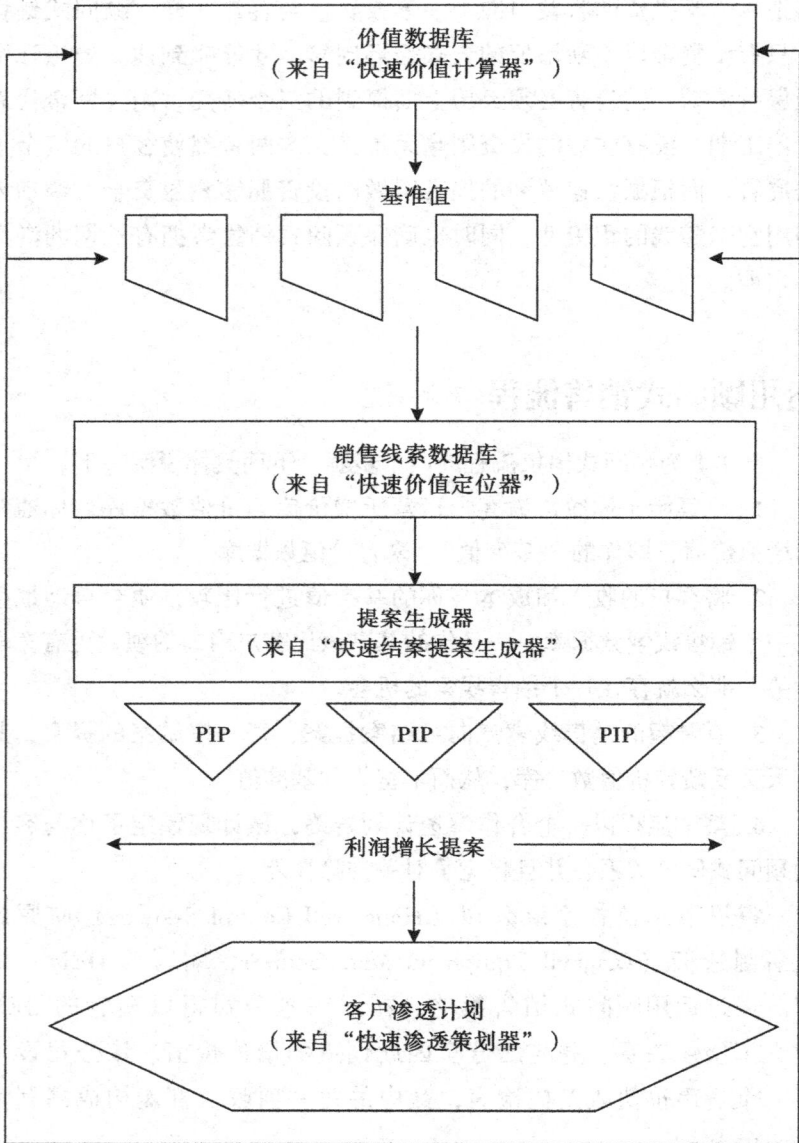

图 I-1 顾问式销售流程图

客户收入提高项

（1）新产品启动时间更快

（2）产品产出量更大

（3）产品质量提高

（4）生产进度有保证

客户成本节约项

（1）安装时间减少

（2）维修时间减少

（3）所需劳动力减少

（4）流程停工期减少

霍尼韦尔公司还有另外一个核检表，列出了由于霍尼韦尔监控系统的贡献，OEM 能够为自己的客户带来的增值价值。

客户的客户收益提高项

（1）产品一致化

（2）当天完成订单

（3）保修期延长

（4）停工期缩短

客户的客户成本节约项

（1）能源成本降低

（2）生产周期成本降低

（3）环保罚金减少

（4）报废及返工成本降低

即使还没有看到霍尼韦尔的监控设备，但在产品安装之前，经 PIPWARE 软件的成本收益分析，霍尼韦尔公司对客户利润的贡献便可一目了然。通过指导客户的销售队伍进行自己的成本收益分析，并培训他们使用顾问式销售策略，像霍尼韦尔这样的供应商能够帮助客户创造一种用任何其他方法都无法实现的现金流，而且霍尼韦尔还能与它们的 OEM 分享收益。在温度监控系统方面，"我们可以说至少增长了 6 500 万美元的业务，"霍尼韦尔的营销副总裁拉尔夫·杰内西（Ralph Genesi）说："这恐怕还少说了呢。"

压缩销售周期

当你作为一名推销者进行销售时，你会遭遇漫长的销售周期带来的双重销售成本。你反复推销，直到一笔买卖成交或泡汤，这将产生直接成本。除此之外，无论买卖成与不成，你都得承担机会成本：当你等待与一个客户结案时，你得推迟与另一个客户开始一个新的销售周期。这样做的代价就是错失某些机会，或使用人成本增加。如果员工能早点从当前的销售周期中解脱出来，投入下一个销售周期，所需聘用的员工数量会更少。

推销式销售周期之所以被故意拉长，是因为拖延时间以换取价格上的优惠对客户来说是合算的。顾问式销售则让客户惜时如金。因为一日复一日，一周复一周，一月复一月不能提高利润，这就会加大客户的机会成本。客户耽搁得越久，承担的成本就越大，因此延误是客户的大敌。每当有收益增加或成本减少出现，客户必须尽快将这些资金投入运营，否则资金就会全部或部分流失。

提高利润这一内部压力给客户带来强烈的结案动机。每耽搁一天都会把投资回报推迟，使得该投资的最终收益至少往后推一天。由于金钱的时间价值，对客户来说，他们与你合作获得的每一块钱，在今天得到都比在明天得到更有价值。如果今天得到了钱，他们就能用于投资；要是到明天才能得到这些钱，他们既损失了（一天的）本金也损失了（一天的）利息。

采用推销式销售既延长了销售周期，同时也牺牲了销售队伍能够为你的利润做的贡献。假设你现在的销售周期是 12 个月（这在电子通信和数据处理系统行业是很普遍的），再假设每个销售人员每年的销售配额是 150 万美元，每人每年花去 30 万美元的成本。如果能通过顾问式销售将此周期缩短哪怕一个月，你每年就能从每个销售人员那里省下 25 000 美元的成本。与此同时，多出来一个月的销售时间还能让每个销售人员每年增加 125 000 美元的销售额。

加总起来一算，每个销售代表每年增加的贡献总额就是 15 万美元。如果有 10 个销售人员实现同样的增量，一年总的贡献将多 150 万美元，相当于你不花一份钱就多雇了一名销售人员。这个虚拟的销售人员是你最富成效的销售者，因为他只产生收益，却不需要成本。

图 I-2 显示的是惠普公司的销售周期，这是典型的推销。就算最终能够结案，也得在 11 个接连不断的步骤之后才能实现。

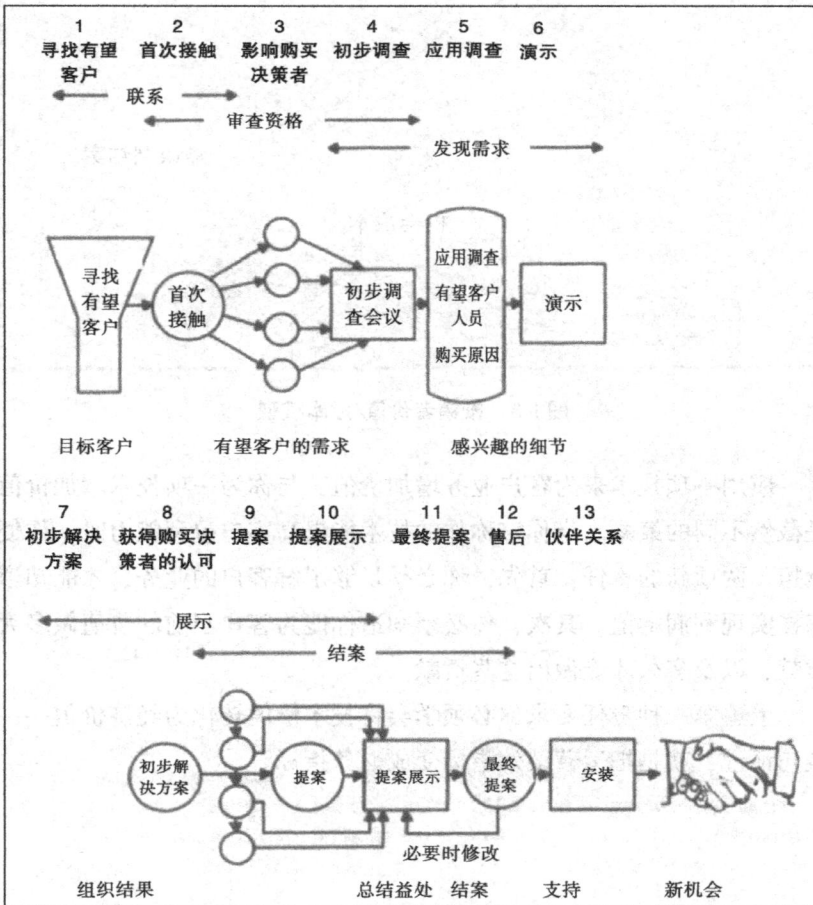

图 I-2　推销式销售流程图

　　类似惠普公司那种销售周期中的时间成本和直接成本如图 I-3 所示。该图说明只有当机会成本曲线接近其与贬值价值曲线的交点时，销售周期经过客户采购经理的软磨硬泡才告结束。交点处的价格对客户而言是最理想的，此处持续拖延给客户带来的成本不再高于供应商利润的价值。

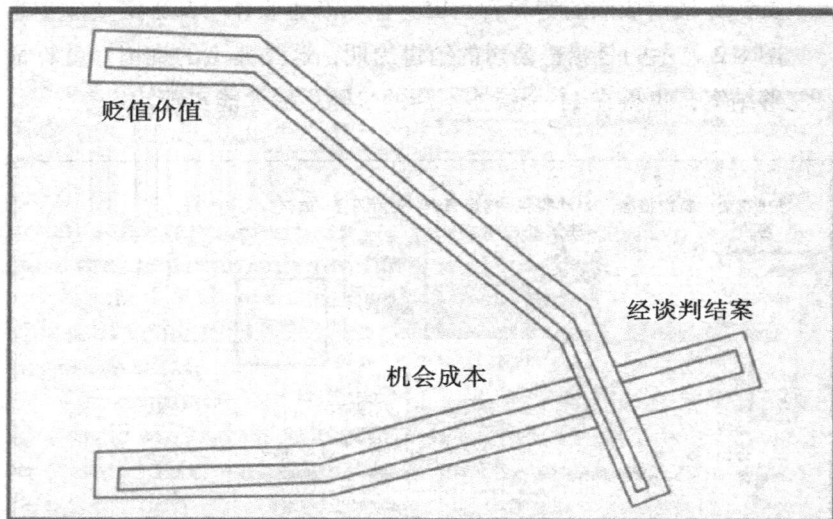

图 I-3　推销者价值/成本模型

　　应用一项技术来为客户业务增加价值，与你为一项技术增加价值是截然不同的策略。当你宣称你的技术能提高客户盈利能力时，你便承担了两项新的责任：首先，你必须足够了解客户的业务，才能知道怎样实现利润增值。其次，你必须知道你能为客户当前的价值做多大贡献，以及多久才能做出这些贡献。

　　上述第二种责任要求你必须学会将技术价值转化为经济价值——换句话说，就是把运营绩效指标变成财务指标。

转变经营模式

打折出售的大宗商品由于高昂的谈判成本，利润空间被进一步压缩了。它们是商品公司的产品，这些公司的经营模式已臻成熟，这使得它们难以结合市场的成长目标。对这些公司来说，顾问式销售提供了一个能够重塑其公司形象的转变策略。

QMax Solutions 公司（以下简称为 QMax）为油田生产钻井液。钻井液通过降低油的密度能降低每桶石油的开采成本。QMax 传统上随钻井液免费提供的应用技术能帮助客户保证钻机的正常运行时间，并确保井控安全。QMax 的销售策略是把钻井液当做商品来定价，而不是基于应用钻井液带来的品牌成效而定价。由于很难将自己钻井液的具体贡献与井口用的其他供应商产品的贡献区别开来，QMax 一直不能采用基于价值的价格策略。

结果，QMax 给自己的定位是"以钻井液外加相关服务"服务于"钻井液市场"。相关服务是免费赠送的。当 QMax 采用顾问式销售进行业务转型时，它在油井生产力管理方面的专长，取代了钻井液而成为其核心能力。公司提出为客户增加价值，并就其为下列两种成效所增加的价值得到补偿：客户因油井生产力的提高而增加的收益，以及因控制预算内油井绩效、运营费用和环保措施等方面节约的成本。

QMax 更改后的使命宣言表明其顾问式业务定位如下。

How to say

我们的使命是让石油和天然气行业的大公司渴求我们成为加速他们成长的惟一一个最可靠的合作伙伴；让竞争对手承认我们是促使客户增长的领导者；让创新型企业承认，在决定我们行业的未来方面，我们是他们卓越的战略盟友。

在不同类型的行业（为资本密集型工业客户进行制造），丹·萨拉克（Dan Salak）把福士科冶金公司转变成了顾问式合作伙伴。福士科提高客户的利润，尽管这些客户历史上是其供应商"永久的商品化者"，要求所有的竞争都基于价格，而且所有的价格都基于成本。实行顾问式销售策略仅 12 个月之后，福士科公司就在其报告中称：尽管面临低价位的国内竞争对手以及来自亚洲的竞争对手，我们仍在发展我们的业务。详情如下。

◇ 去年，我们的年销售量比前年增长了 19.7%，其中 60% 是新增业务。

◇ 今年，我们的业务增长了 17%，其中至少 80% 是新开辟的市场。这些成绩应归功于我们训练有素的员工以及顾问式销售这一提高利润的优秀工具。

◇ 我们的许多客户都期望（在某些情况下要求），任何销售项目都始于一个 PIP。此外，我们已经成功地把一些"永久的商品化者"类型的客户变成真正看重我们为其业务所做贡献的客户。

◇ 通过用数据资料向客户证明我们能让他们在运营上节省多少钱，我们成功地实现了急需的提价。

◇ 到目前为止，我们可以把每年 25% 的销售增长归功于顾问式销售。同时，有证据显示我们使客户节约的成本超过 2 000 万美元。

QMax 公司和福士科公司都是从根据产品性能来定价这一起点开始转型的。结果，他们以越来越低的价格提供越来越多的性能，他们又一次从"701 系列电脑的教训"中学到了东西。

当 IBM 公司将第一批商用电脑 701 系列推向市场时，完全不知道这些电脑的价值。将 701 电脑推向市场的 IBM 一线人员吉姆·伯肯斯托克（Jim Birkenstock）随便定了个每月 9 000 美元的价格，将 19 台电脑租出去了。

只用了几个月的时间 IBM 就认识到，要想从 701 系列电脑获得哪怕一点儿利润，租赁费至少得是 9 000 美元的两倍。公司董事长小汤姆·沃森爵士（Tom Watson, Jr.）让伯肯斯托克找到每个客户，低声下气地再要些钱。

　　出乎伯肯斯托克的意料，19 个客户中有 18 个很痛快地答应了。
他们计算过 701 系列电脑为他们增加的价值，发现这些价值甚至超过
了最初价格的三到四倍。沃森对伯肯斯托克说："让我们记住这一教
训吧，以后一定要销售价值而不是产品。"

CONSULTATIVE SELLING™

The Hanan Formula for High-Margin Sales at High Levels（Eighth Edition）

第1部分

顾问式定位及合伙策略

与所有的销售策略一样，顾问式销售也是建立在比较的基础上的。在推销式销售中，一家供应商的功能和特点被拿来与其他供应商进行比较。顾问式销售则把客户当前的竞争优势与销售者能够增加的竞争优势进行比较。因此，后者必须超越的是客户的竞争对手，而不是销售者的竞争对手。

　　客户面临的竞争对手有两种形式。对一个管理成本中心的客户来说，他的竞争对手就是其他供应商更好的做法所带来的更低的成本。对业务经理来说，竞争来自其他供应商更高的利润空间、更大的市场份额或更低的销售成本。这些竞争性挑战反映在业务经理的KPI中。

　　顾问式销售者必须把自己定位成能够提高客户竞争力的人。通过降低运营成本，他们把客户打造成为成本更低的供应商；通过增加运营收入，他们使客户完成更多可盈利的销售，拥有更大的市场份额。这样，他们帮助客户在竞争中更具有优势。

　　将降低的成本和增加的收入加起来，它们的总和就是提高的利润。对于非营利性和不以营利为目的的客户来说，其益处是降低成本或提高收入。无论是哪种情况，顾问式销售者的定位都是客户价值的提高者。他们销售的是增长，他们给增长定价，并且从来不曾停止为客户带来增长。

　　为了与客户方经理建立合作伙伴关系，顾问式销售者必须满足以下三个要求。

　　◇ 共同的目标。销售者必须像对待自己的KPI一样对待将客户的KPI。
　　◇ 共同的策略。销售者必须把客户与他做生意的成本转化为一项有回报的投资。投资收益必须大于成本。投资回报必须有保障，也就是说投资风险等于零。
　　◇ 共同的回报。在每笔交易中销售者必须分担客户的风险，与客户同舟共济，这样才有资格与客户分享收益。

　　KPI是连结顾问式销售者和客户方经理的纽带。零成本、零风险是销售者提出的令人信服的主张，它说明了客户要实现KPI为什么必须在他这里投资。而分享收益则使销售者受到激励，为了自己的目的他们会帮助客户实现或超额完成KPI。

　　零风险保证和收益分享可谓同一枚硬币的两面。销售者的保证为客户的风险兜了底儿，不利因素都被消除。而收益分享移除了合作伙伴获利的上限，客户和销售者向上发展的空间宽广无限，因而伙伴关系变为双赢关系。

第 1 章
如何变成顾问式

短短的三句话就能看出你是不是一个顾问式销售代表。

第一句话，顾问用财务指标来指出客户的问题——这个问题给客户造成多大的成本，或者如果没有这个问题客户能赚多少钱。如果此时提及你的产品或服务，你就是一个推销者，而不是顾问式销售者。

第二句话，顾问就该问题提供一个量化的利润增长解决方案。如果此时提及你的产品和服务，你就是一个推销者，而不是顾问式销售者。

第三句话，顾问主动担任解决问题这一项目的经理，并且为项目的成败承担全部责任。在说明项目对客户利润的贡献时，你才能首次提及自己的产品和服务。

如果你作为一名顾问而销售，那么你的第四句话很容易预测。那便是提议与客户方经理合作，运用你的系统来解决客户面临的问题。

顾问式销售方式要求顾问帮助客户提高利润，而不是说服他们购买产品和服务。要解决客户的问题，顾问必须首先了解问题背后的需求。只有了解了客户的需求，构成系统的那些专业技术、硬件设备和服务才能成为解决方案有用的组成部分。后者就是服务一个产品和服务一个客户之间的区别。后者能使你与客户之间形成顾问式关系，而不是传统的买卖关系。

顾问式销售者的理想定位是客户利润的提高者。要做到这一点，可通过以下两种方式：减少其成本，或是增加其销售收益。顾问式销售者把提高利润，而不是产品、设备、服务甚至系统本身作为主要定位，这使得销售有了一个经济目标。人们的注意力集中到销售的最终效益，而不是其组成部分或成本上。这样，与客户一样，提高利润成了你的定位。此外，用业务管理术语而不是推销辞令来表达你的业务宗旨，将让你的业务宗旨听上去更加专业。

销售投资回报的价值

当通用电气金融服务公司（GE Capital）邀请普华永道（Price-waterhouseCoopers）对其招标书做出回应时，通用公司表示想要"以尽可能具有成本效益的价格结构获得高水平的客户服务"。这份招标书来自通用电气金融服务公司的"采购主管"，它建议普华永道的提案着重展示"以创造性的思维回答我们双方合作关系如何能为双方控制成本"。对普华永道来说，把提案的主动权交与通用的代价就是牺牲自身的盈利空间。

普华永道的管理层认为通用公司的邀请证明了普华永道已经实现了它的目标，那就是在《财富》500强企业中赢得知名度："我们希望他们在更换会计师的时候，能第一个想到我们。"但是，收到招标书的供应商实际上已经处于被动。从交易一开始，价值就被排除在外，不被视作价格的基础。知名度优势被极低的利润抵消了。

摩托罗拉也曾消极等待那些针对其双向无线电通信业务的招标书从天而降。其定价模型没有考虑价值，而是对竞争做出反应，并建立在成本加成的基础之上。然而摩托罗拉的无线电设备能够显著提高客户收入，降低客户成本：有了它，制造商能够就生产线问题进行实时沟通，从而提高产出；同时，建筑工地由于所需工人人数减少，成本也因此可以降低。

摩托罗拉通过运用顾问式销售，主动采取"发现我们能与客户合作的流程，以了解客户对价值的看法，并确保我们从产品构思到售后维修的所有业务部门都在保持这种价值"的措施。

摩托罗拉得出的结论是："以成本加成为基础来为我们的产品和服务定价，只是有助于销售其功能，而无益于销售我们创造的价值。要想在价值上进行有效竞争，我们需要以客户的业务为背景来定义我们的价值。鉴于我们的员工仍然根据产品的内在特点来确定价值，我们必须迅速转变观念。"

优利系统公司的 CEO 吉姆·恩如（Jim Unruh）曾这样说过：

"仅仅有技术是不够的。我们必须帮助客户应用这些技术，提高他们在竞争中的地位，提高他们的盈利能力。"

认识到"采购决定越来越基于实实在在的最终收益"，恩如自问："这对优利系统公司来说意味着什么？"他的回答抓住了销售提案的要害："这意味着我们必须提供业务收益，而不仅仅是产品。"他将收益定义为"通过帮助客户应用技术，而不仅仅是提供技术所实现的收入增加和成本控制"。

价值可以通过应用各种形式的技术而实现。安装 Metapho 数据解释系统要花费 320 万美元的成本，如果以此报价去竞标，很可能会因价格缺乏竞争力而被淘汰。但是如果把 320 万美元的成本与其平均每年为客户贡献的 870 万美元的利润，以及短短 8 个月的投资回收期相比，Metaphor 公司实际上是在颇具建设性地提出给客户出钱让他们使用自己的系统，而不是让客户给他们钱。

只要提案是由客户流向供应商，那么结果永远只有一个：是客户自己发现了自身存在的问题并设计了解决方案，供应商将因此失去利润空间。此时，采购者只想知道供应商的价格，对价值主张却无动于衷，因为公司对其绩效进行评价时看的是他压缩了多少购置成本，而不是为运营利润的提高做出了多少贡献。因此，向这样的人（采购者）提出 PIP 是不合适的。

谈论钱

为了给客户运营经理提供咨询，向其说明投资于你（或者说你的"解决方案"）将如何提高他们对利润的贡献，你必须用对方的语言来说话。他们的语言不是产品的功能与特性或价格与性能这些推销辞令，而是企业管理的方方面面。

在客户方经理层次，商业语言是惟一的语言。这是一种交易行话，一种和金钱打交道的语言。这种语言充满了各种动作描述：资金投资、投资回报、现金流动、投资回收、利润提高、成本减少、收益增加、市场份额扩大。然而这些无非是在描述这些动作的主语——金钱本身，发生了什么。客户方经理谈话时就是谈钱。

你需要知道什么才能在谈起钱来时头头是道？有两个要求：首先，知道钱是如何分类的；其次，了解客户当前的成本和收益情况，以及你能对它们产生多大的影响。

把钱分类

企业运营中的钱可以分为以下六大类。

1. 投资——客户支付出去的钱。
2. 收益——客户支付出去的钱获得的回报。收益与投资的比率就是投资收益率。
3. 投资回收期——客户收回投资的时间。
4. 净利润——客户从投资中获得的钱，或者说是超过投资额的那部分钱。
5. 成本——没有回报的投资。
6. 机会成本——将资金用于另一笔投资可能获得的利润。

分析客户资金基础

顾问式销售者要求客户进行增量投资，即在总业务基本固定成本之外进行投资。作为回报，他们提出增量利润。增量投资由客户自主决定，客户根据自己的需要，选择那些在投资金额、获利快慢和把握程度三方面达到最佳组合的投资。

大多数顾问式销售者都会提出增量利润增长。投资收益率只根据提案中的增量投资来计算，这会使收益率变得特别高。客户在整个业务中的总投资以及客户整个公司的收益率，均与此不相干。顾问式销售的用武之地是客户的"微观经济"。

客户的资产负债和损益表既不是顾问式销售的起因，也不是顾问式销售的结果。两者很少或者根本不能提供任何销售线索。同样，顾问式销售者提高任何一个运营经理对利润的贡献，也很少能对以上两者产生影响。然而，对于那些利润得以提高的运营经理个人而言，顾问式销售者的贡献可谓是举足轻重。

顾问式销售者产生的影响在微观层面，因此客户的年度报告和 **10-K 报表**作为背景资料比较有用，但对于瞄定 PIP 的销售线索，它

10-K 报表指美国上市公司需要在每个财年末向证券交易委员会（US Securities and Exchange Commission）递交的报表，内容包括公司历史、公司结构、股票状况及盈利等情况。

——译者注

们的作用通常不大。

诚然，所有对公司利润的贡献都会流入公司的盈亏平衡线，但是它们在年度报告或季度报告中反映不出来。在中等规模或更大规模的公司里，增量利润提高包含在总利润中。所以不能把年度报告或季度报告作为评估客户的依据。同样，也不能籍此瞄定销售线索。即便把单个业务线分离出来，对于识别 PIP 所需的具体营运的成本问题或收入机会来说，这个范围还是太大。

为了瞄定销售线索针对的特定运营，只有损益表能提供一些有价值的背景资料。损益表说明利润是在上升还是在下降。董事长的致辞则从官方角度告诉你其中的原因，也可能告诉你公司的优先事项，你可以把这些优先事项与 PIP 结合起来，使 PIP 具有业务适合性。

损益表还能为你提供计算利润空间所需的信息，让你知道总收益是否在增长。把过去三年的年度净收入除以年度销售量，你会看到利润空间是否伴随着销售量的增长而缩小。如果是这样的话，就说明业务属于买方市场，而非卖方市场，你的利润增长项目必须进行调整以恢复收入。

用销售成本除以总销售额计算出成本占销售额的百分比，如果在过去三年中这一百分比呈上升趋势，那么你就有更多的证据表明利润需要提高。

解读客户年度报告或季度报告中数据的能力比报告中的数据本身更为关键。当一个客户宣称收益增长了 15%，人们很容易把它看成一个成长型公司。但是如果把收益增长率和收入增长率进行对比，你可能会发现前者增长得更快。如果是这样，收益就来自成本管理，尤其是销售成本管理，而不是来自销售。在这种情况下，实现**顶线增长**的目标就没有达到，而顶线增长恰恰是成长型公司的关键绩效指标。

要想预测短期内顶线增长提高的可能性，你可以试着估计当前收入来源在短期内的增长潜力。就惠普公司来说，大部分收入增长来自低利润空间的产品，如个人电脑和打印机，这些产品的价格一降再降。如果惠普公司继续把市场转向低价模型，那么公司的收入和收益增长都会面临日益沉重的压力。

你评估和量化客户对顾问的需求所需的数据从年度报告和季度

> 顶线（top line）增长通常指营业收入增长，因为这一项目通常出现在财务报表的顶端。
> ——译者注

报告中是找不到的。这些数据依业务线和业务部门的不同而不同，这些数据具体可用来回答以下两类问题。

Question

第一，对利润中心业务线来说，你能影响其关键产品和服务对收入和收益的哪些贡献？某项产品或服务当前的贡献与业务线经理的增长目标之间有多大差距？你能把这一差距缩到足够小，使自己成为一个令人折服的合作伙伴吗？

第二，对成本中心业务部门来说，你能影响的关键因素当前为该业务带来的成本是多少？该因素当前的成本与业务部门经理的成本控制目标之间有多大差距？你能把这一差距缩到足够小，使自己成为一个令人折服的合作伙伴吗？

一旦知道这些问题的答案，你就可以开始用商业语言与客户方经理对话了。你的任务是对你们双方重新定位：把客户定位成委托人，同时把你自己定位成一名顾问。

你应该知道什么

当推销者意识到协商价格剥夺了他们的定价权，因而必输无疑时，他们便尝试"往上走"，从而绕过客户方采购人员。假如真的能走到上面，他们会发现既没东西可销售，也不知道销售给谁。客户运营经理不采购，他们只投资。如果销售者没有一个能让经理投资的价值主张，便没有东西可以销售。

在采购者层次，推销者的 KPI 和采购经理的 KPI 相互对抗。只有一方输，另一方才能赢。而在上层，双方的 KPI 互不相容：销售者无法影响运营经理的绩效，运营经理也无法满足销售者的定额。

推销者往往企图通过跟运营经理说一些其业务上的事来促进合作，运营经理对这些了如指掌，但对合作毫无兴趣。有些推销商甚至要求其销售者比客户更了解客户的业务，这非但不必要，而且不可能。一个销售者要是能做到这一点，他就不仅仅是客户的合作伙伴，而简直就算是客户本身了。

顾问式销售者必须知道以下三件事。

Key point

第一，他的技术如何与客户运营结合才能创造最大价值。

第二，如何运用自身的技术来提高每项运营对客户利润的贡献。

第三，如何衡量他的贡献的货币价值，以及如何基于这一价值制定拥有高利润空间的价格。

谈到比客户更了解客户的业务，确实有一个方面的知识是顾问式销售者必须掌握的：通过运用销售者的技术，客户的运营能为利润提高做多大贡献？这需要多长时间？在这方面，顾问式销售者必须精通如何将客户潜在的竞争优势货币化。客户自己无法知道最有可能出现什么结果；与此同时，销售者必须给客户提供实现该优势的时间框架——客户自己无法知道何时能收回投资，无法知道收益何时达到顶点。

顾问式销售者还必须知道一点：如何将一个价值主张的成果扩展到下一个价值主张，以确保客户业务能得到持续改善。

为了在 PIP 付诸实施之前预测其效果，顾问式销售者必须运用一系列的假定推测能力：假如这一技术与你的运营结合会怎么样？假如我们实现这些结果，会怎么样？假如把我们的成果迁移到一个对你的业务成功同样至关重要的相邻业务部门，那又会怎么样？

销售者进行这些预测所用的数据存储在具体到行业、运营和技术应用的基准值数据库中。它们用来预测最有可能的结果，使客户期待投资收益的货币价值和时间价值——换句话说，通过预测销售投资收益，使客户心甘情愿地去投资。

对每一份摆在其面前的价值主张，客户都会有这样的疑问：我能从中期待什么？我所期待的什么时候能发生？销售者必须知道上述以及以下这些问题的答案：假如实现了这么多增长会怎么样？你的优势能提高多少？假如你能这么快实现增长会怎样？你的优势又能提高多少？

如果你销售一种存货管理系统，该系统能将客户手中的库存平均减少20%，你得明确这对客户的库存经理有什么好处？你还必须知道每减少20%的存货，就可以产生 6 万到 8 万美元的利润。如果你销售一种生产管理系统，这套系统能让车间产量平均提高30%，你也必须清楚这在原材料购买费用上每年能节省64 万美元。

你向车间经理到底销售什么？在上面两个例子中，你销售的不是系统，不是百分比，而是实实在在的钱。

传统推销者会把注意力放在诸如吨数、桶数、集装箱和车载量这些指标上。一旦成为顾问式销售者，就应把关注点转移到增量上——客户的成本或收益贡献的额度与当前数值之间的差额。

顾问式销售是一种增值性业务改进策略，在与客户伙伴关系的维系期间创造一个又一个的增量。每一个 PIP 都提出一个新的增量，这些增量就是 PIP 的产品。

如果客户当前保有存货的成本是每年 250 万美元，一份 PIP 提出将其减少到 200 万美元，那么顾问式销售者的产品就是节约下来的 50 万美元。如果客户当前的销售额是 1 000 万美元，一份 PIP 提出将其增加到 1 500 万美元，销售者的产品就是 500 万美元新收入。

把你的价值基准化

如果你算出某项技术应用为每个行业的每个业务增加的价值的平均数，那就是你用该技术应用为该行业的该运营增加价值能力的**基准值（norm）**，也即你的**正常值（normal value）**。基准值是你为提高客户利润所提供的顾问式专业知识和技术的综合。按照基准值进行销售的顾问式销售者常常能说出一些打动客户的信息。

How to say

"对于你们这种规模和类型的打印店来说，按照我们最佳布局的基准值来测算，" 3M 公司可以这样说，"你们目前的布局使你们每年损失高达 100 万美元的运营利润。"

"按照我们对食品加工行业最优化收款系统的基准值来测算，" AT&T 公司可以说，"你们能把当前系统的利润贡献平均每年提高 50 万美元。"

　　基准值是顾问式销售的渗透工具。所有的顾问式销售专家都按照基准值行事，这些数值代表他们的业绩纪录，那是他们最宝贵的财富，也是他们声誉的基础。当他们的基准值成为行业标准时，他们就能用它对客户当前的基准值以及竞争对手的基准值发起"基准值挑战"。这一挑战能够发展销售线索。它给客户传达的信息是：这就是此业务部门或业务线成功关键因素的绩效标准。**你们的基准值与这个基准比起来怎么样**？如果我们的基准值比你们的好，那就让我告诉你我们将**如何**帮助你们接近我们的基准值。

　　IBM 的销售人员是这样将他们的基准值模板运用于制药商生产运营的。

How to say

　　我们为你们这一类生产流程设计的自动化模型能帮你们节省高达 20 万美元的劳工成本。根据我们的基准值，你们的人手多出 5 人。你们的过程控制在发现和预警不合格产品方面不如我们的标准快，这使你们在质量保证、残次品和停工期方面的成本增加。你们可以通过用计算机进行产品测试和质量管理来规避这些成本。要是使用我们的模型，你们第一年就能节省 75 万美元之多。

　　除非你知道客户方经理在做决策时使用的基准值，并在你的 PIP 中正面处理，否则你的 PIP 不可能百分之百地被接受。空客公司就给自己上了这么一课。那时空客向时任美国航空公司 CEO 的鲍勃·克兰多尔（Bob Crandall）提议，希望美国航空购买它们能够搭载 600 名乘客的喷气式飞机，这种飞机每座位里程成本比波音 747 低。克兰多尔压根没有正眼看过空客的成本收益分析，因为他根本不认同这种分析所依据的标准，所以这些数字加起来是否与总数相符无关紧要。"大飞机只有满员飞行时才能赚钱，"他说，"人们不想乘坐这么一架能容纳 600 人的大飞机，因为到了目的地得排两个小时的队等待通关。"最后，他的结论是："每座位飞行成本低没有任何意义，每位乘客的成本才是真正的成本。"

　　空中客车对大飞机市场的评估或许比克兰多尔更准确，但这没有任何意义。克兰多尔认为每位乘客的成本比每个座位的成本更重要，这一想法也许是错误的，但这并不重要。只要克兰多尔的 KPI 是每位乘客的成本，他就只会从这一点出发，寻找购买信号。

你的基准值喻示着你的独特之处：你知道如何提高特定类型业务运营的利润，知道这些业务部门利润价值的标准规格是什么；实际上，你很可能是这些规格的发现者和创造者。如果客户已经超过了你的基准值，你可以帮助他们保持竞争优势。如果你的基准值优于客户当前的绩效，你可以帮助客户达到你的基准值。

你销售的必须是你的基准值，而不是你的产品。进行顾问式销售就是把你的基准值加到客户业务当前的基准值之上。客户新产品的基准值可能只是一项计划，这没关系。这种计划包含了对未来业务的财务预估，即是一种**虚拟**(as-if) 基准值，此时，你的基准值应设计成"**如果……那么**"(if-then) 的模式：如果 (if) 客户采用了你的解决方案，那么(then) 客户的基准值将接近你的基准值。

在任何时候，你都可以根据下列三个标准来检验自己的基准值，从而评估自己作为一个顾问式销售者的竞争优势，也就是通常情况下你为客户贡献的净利润的价值。

Question

第一，它们比客户当前的绩效更好吗？如果是这样，你将有接连不断的提案机会。

第二，它们比客户所在行业的平均绩效更好吗？如果是这样，要帮助客户超越行业标准，你比其他顾问式销售者更有竞争优势。

第三，它们比每个客户行业的最佳实践更好，或一样好吗？如果是这样，你的基准值就是想达到最佳实践的所有客户的行业绩效标准。

构建有望销售线索模板

顾问式销售者的数据库必须划分为以下三个模块，从左到右浏览一下，就可以挑出有望销售线索。

我们的基准值　　行业平均基准值　　客户当前的基准值

对销售者来说，"我们的基准值"必须优于"行业平均基准值"，这样才能成为基准值领先者。"我们的基准值"还必须优于"客户当前的基准值"，这样才有提案机会，或是帮助客户提高到行业平均基准值，或是帮他们更接近"我们的基准值"。

基准值使得销售者能够运用商业语言进行以下交谈。

How to say

◇ 按照我们的基准值，像你们这类产品订单记录保存、存货调节和其他相关交易的平均成本是＿＿＿美元。你们的成本是我们基准值的三倍。

◇ 按照我们的基准值，像你们这类产品平均每平方英尺的销售量是＿＿＿美元。你们的销售量仅是我们基准值的五分之一。

◇ 按照我们的基准值，像你们这类产品平均每季度的脱销次数是＿＿＿次。你们的脱销次数是我们基准值的六倍。

通过运用基准值与客户进行如下具有挑战性的对话，顾问式销售者能够掌控客户对可增加价值的认识。

How to say

◇ 你们完成一个设计周期要用 3 个小时，我们的基准值是 1.7 个小时。假如我们帮助你们接近我们的基准值，每减少 30 分钟所节省的成本和增加的收入，对你们来说其价值是多少？

◇ 你们的模具转换要花 72 分钟，我们的基准值是 46 分钟。假如我们帮助你们接近我们的基准值，每减少 10 分钟所节省的成本和增加的收入，对你们来说其价值是多少？

◇ 你们引进一个新模型需要花 3.6 年，我们的基准值是 2.9 年。假如我们帮助你们接近我们的标准，每减少 30 天所节省的成本和增加的收入，对你们来说其价值是多少？

你的基准值就是你的价值标尺。它们传达的信息是有一个比客户当前使用的方法更好的方法。客户当前的方法和你的基准值之间的利

润差额代表你的增值价值。举例来说，如果你能让客户的新产品比计划提前一个月进入市场，那么这一个月利润的货币价值以及客户提前一个月回收资金，就代表你的增值价值。

你首先应当向客户提出的就是你针对客户业务或业务部门的基准值。"如果你的运营能更加接近我的基准值，"你可以说，"那么两者之间的差异所代表的增值价值的一部分或全部就归你了。"

不要问什么问题与需要问什么问题同样重要。不要问："你需要我的产品、服务或系统吗？"也不要问："你需要我的解决方案吗？"或者"想从我这里购买吗？"你只需要问客户是否想使他们的运营更接近你的基准值。问这个问题的时候，你就是在以顾问式的方式销售。当客户问你如何才能使其运营更接近你的基准值时，他们实际上已经开始从你这里"购买"了。

一旦知道自己的每项技术应用通常为每个业务部门、每项业务运营或每个业务流程（它们都是同一样东西的不同表达方式）带来多少收益，你就可以通过以下两种方法应用它。

Skill

第一，从当前收入低于你的基准值或当前成本高于你的基准值的客户运营中快速瞄定销售线索。

第二，通过说明初步收益使客户当前绩效接近你的基准值，快速进入提案阶段。

为吸引客户方经理的注意，你可以这样说。

How to say

关于如何提高你们的运营对利润的贡献，我们已经有丰富的经验。我们的基准值显示，应用我们解决方案的经理能够在____时间内提高收入或降低成本大约____美元。这些基准值与你们当前的绩效比起来怎么样？如果绩效接近我们的基准值能使你们更有竞争力，那么让我们以我方提出的方式合作，在接下来的____个月内至少实现____美元的增长。你觉得怎么样？

创建基准值数据库

你一旦确定了要提高客户运营的某一类绩效，相信自己能使客户的利润贡献接近你的标准绩效，这时你使用的基准值就派上用场了。在这一点上，你将客户的当前绩效与你的基准值进行对比。如果你的基准值更好，那么你就有了一个销售线索，可以就此策划 PIP 了。

图 1-1 中的矩阵说明了如何根据具体行业创建基准值数据库。针对你向之销售的每条业务线或每个业务部门，横轴上填写你要提升绩效的主要运营，纵轴上填写可以提高绩效的技术应用。每项技术应用和每项运营的交点显示你通常的增值价值区域。那些被列为客户所在行业最佳实践的基准值，说明你在那些运营类别上握有杀手锏——其业务绩效的基准值为你所拥有。杀手级基准值是你的品牌，是因你为客户带来增值价值而回报给你的高利润"产品线"。

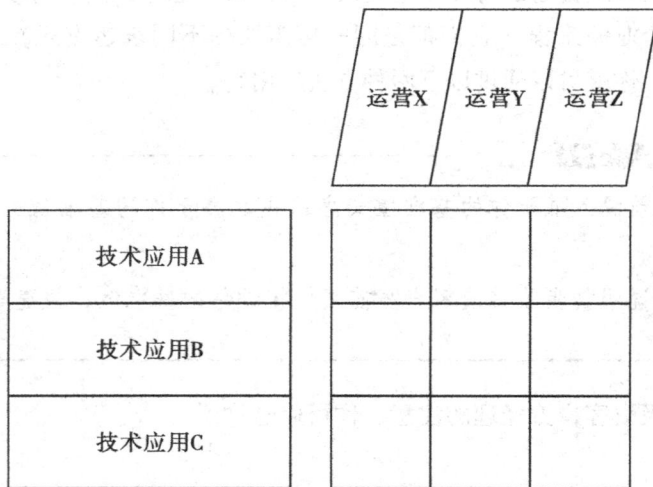

图 1-1　基准值矩阵

那些不代表行业最佳实践的基准值标志着你的商品类技术应用。它们赚钱更少，销售成本更高，因为在销售它们时，你必须与其他人的"杀手锏"进行竞争。

当客户运营经理高呼："谁拥有我这类运营绩效的基准值？"如果你在这类运营上握有"杀手锏"，回答这一问题的只能是你一个人。如果别人回答了，你可能就是多余的。如果除你之外的所有人都回答了（这意味着谁都没有拥有杀手级基准值），那么，即使你自称顾问式销售者，你实际上也只不过是个推销者罢了。

可以仿照图 1-1 中的"技术应用—运营"矩阵创建"基准值—关键绩效指标"矩阵，突出哪些基准值能够提高客户关键绩效指标的技术应用，从而帮助瞄定销售线索。这能使有望 PIP 的机会更加透明，也能加快结案速度。

上述两种矩阵都能以数字仪表板的形式安装在公司内部的局域网上，并且提供"7×24 小时"的实时接入服务。矩阵也针对不同客户分别创建，这样只有具体负责每位客户的经理才能浏览这两类矩阵。整个数据库也可以以合作摸彩的方式向整个顾问式销售团队开放：第一个提出成功价值主张的人将得到 PIP 总利润的一定百分比作为奖励。

也可以创建数字仪表板，使销售经理对顾问式销售者的绩效进行在线评估。自动数据收集系统能够帮助销售经理根据关键绩效指标密切监视每一名销售人员的业绩表现，同样也可以密切监视团队、行业和区域的业绩。顾问式销售者的关键绩效指标包括 PIP 结案率、平均结案周期、平均每案投资收益率以及平均每份迁移 PIP（migration PIP）的价值。

把基准值具体到行业

基准值如果不具体到行业是毫无意义的。只有用三位数的标准行业分类（Standard Industrial Classification，缩写为 SIC）编码界定，行业划分才足够详细，比如原生金属行业（Primary Metal Industries）有六个类别。

SIC 编码	行业子类
331	高炉和基本钢铁产品
332	钢铁铸造
333	原生有色金属
334	再生有色金属
335	有色金属轧制
336	有色金属铸造

　　在每个三位数编码的下面，还有四位数的子类。编码 3321 包括灰铸铁和球铁铸造，而 3322 包括可锻铁铸造。在一般情况下，三位数的分类标准就够用了。但是如果你从事大量四位数层面的业务，那么将你的基准值与取得的成果按类别进一步细分还是有好处的。不然，你就可能被某个利基专家所击败。

　　你的基准值必须是你的每项技术应用为特定行业的特定业务线或业务部门的运营贡献的总价值的平均值。

　　技术应用同样必须具体。即使在同一个行业中，技术应用的规格、配置和安装要求也不尽相同。你的基准值要对这些加以说明，在前面加上诸如下列预测性的修饰语。

◇ 超过/低于工程变更平均水平
◇ 超过/低于规格偏差平均水平
◇ 超过/低于劳动力成本平均水平
◇ 超过/低于使用多种材料平均水平
◇ 超过/低于生产多部件平均水平
◇ 超过/低于产品规格多样化以满足多个自定义设置的平均水平
◇ 超过/低于生产运行时间平均水平

　　假如向制造业客户销售，你就应该把 SIC 体系与标准流程分类（Standard Process Classifications，缩写为 SPC）指数和标准周期分类（Standard Cycle Classifications，缩写为 SCC）指数联系起来。你可以仿照下列方式来做。

标准工作流程分类	
001	信息系统工作流程
002	研发工作流程
003	工程/产品开发工作流程
004	生产工作流程
005	盘存工作流程
006	销售和服务工作流程

标准周期分类	
101	产品设计和开发周期
102	生产周期
103	盘存周期
104	接单/出货周期
105	计费和收款周期
106	销售周期

基准值的价值源于特定技术应用于特定运营这一性质。你的基准值只能以如下方式代表你为客户解决业务问题的能力：通过降低生产运营中的劳动力成本或残次品而节约的成本的基准值，或通过缩短研发中的产品设计和开发周期而增加的收入的基准值。

按照客户行业的基准值进行销售属于商品销售。行业基准值是商品，你能用，你的竞争对手也能用。它们无法使你与竞争对手区别开来，而且即便你把客户当前的基准值提高到了行业平均水平，这也无法给予客户在行业中领先所需要的竞争优势。行业基准值是竞争的底线，而非上限。达到或接近行业基准值仅仅是客户参与竞争的通行证，并不代表竞争优势。行业基准值意味着竞争对等，只有超越行业基准值才能取得竞争优势。

使客户接近你的基准值

作为基准值领导者，你应当使客户接近你的基准值。因为你的基准值大大超过行业平均水平，这能使客户比其竞争对手更有明显的竞争优势。帮助客户以更具成本效益的方式进行竞争的能力，也是你自己作为一名顾问式销售者的竞争优势所在。这一能力胜过你提供的优惠和折扣，胜过产品的功能与特性，也胜过你的业务的任何其他方面及其销售主张。你拥有了这一能力，当客户从你这里购买时，他们购买的是增值价值。

如果没有基准值，你就无法量化潜在客户。你也许知道哪些客户有"伤痛"，"痛点"（pain points）在哪里，但是，如果没有基准值，即便你能减少其"痛苦"，也无法知道能减少多少"痛苦"，需要多长时间。同样，你也无法知道缓解客户的疼痛能为客户的特定业务带来多大的价值。

假如你的客户是供给链管理软件供应商，而你为标准行业分类编码为 7372 的行业提供解决方案。凭经验你知道客户收入主要来自软件许可以及咨询、维护和培训这类服务。你还知道客户的两大成本中心是研发和销售，两者合起来占其总成本的三分之二。

你很可能会瞄准那些主要收入来源集中的客户和主要成本"扎堆"的客户，把他们作为销售线索。但是如果没有基准值，你最终只能自问，"那又怎么样？"

假如你了解到客户来自软件许可费的收入比上一年下降了 38%，那又怎么样？如果你没有在许可费销售上所增价值的基准值，你又如何能提出有说服力的销售增长方案？通常情况下你能把销售量提高多少？这需要多久？你有多大把握？

假如产品开发成本每年以 23% 的平均速度增长，那又怎么样？你能帮助客户缩短创新周期吗？你能帮助客户把研发的可商业化产品的数字扩大吗？除非你知道在通常情况下，你的解决方案能增加多少价值，需要多长时间，否则你无法回答这些问题。有了基准值，你就能计算你的价值主张，而且非常有把握它能够实现。

如果客户的利润更多来自许可授权的折扣转让，而不是高利润空间的单价，你能帮上什么忙？你有多大把握？如果他们的平均销售周期是 12 个月，你能把它缩短吗？能缩短多少？需要多长时间？这对客户来说有多大价值？就这一价值来说，你的成本是多少？

你的基准值的优势地位（在某项业务对利润的贡献方面既优于行业平均水平，也优于客户当前绩效）能使你成为一个理想的合作者。相反，你的那些按照行业基准值销售的竞争对手只是在销售商品。即使他们能够提供增长方案，他们也无法提供领导地位。

维持高水平的基准值对你的品牌而言至关重要。这是你倾力工作的主要动力，同时这也警示你只能与这样的客户合作：他们和你一样迫切希望得到你的基准值所承诺的增长；他们拥有能与你合作的高素质的经理和支持团队；他们将成为你这个基准值领导者业绩记录中令人瞩目的证据。

表 1-1 是一个"基准值卡"范例。在这张卡片上记录的信息，代表着一家自动化过程控制供应商通常情况下为纸浆厂运营节省的成本。

表 1-1　基准值卡

关键成功因素	每年节约成本基准值* （千美元）
劳动力	4 000
化学品	4 600
木材	2 300
能源	2 100

* 按每年制浆 25 万吨计

应用专长竞争

由于没有创造令人折服的增值价值，六西格玛（Six Sigma）售价的利润空间并不高。即便质量达不到 99.9997% 的完美，缺陷率仅为 100 万分之 3.4，竞争性产品和服务的质量已经普遍够好了。99.9998% 的质量标准比 99.9996% 算不上多么明显的竞争优势。所以，把质量当成卖点是无法长期持续的。

担任通用动力公司（General Dynamics）的董事长时，威廉姆斯·安德斯（Williams Anders）就认识到："'工程设计高于一切'已经过时了。"同等类似已成为通用的标准，企业也不能凭借生产获得竞争优势。诚然，如果质量不过关，任何公司都无法竞争；但是，即便质量过硬，任何公司也无法仅靠质量来竞争。

真力时公司"质量决定声誉"这一箴言已经过时。按照顾问式销售的说法，它应该改成："技术应用必定产生价值"。

顾问式销售者必须具备下列专长：知道如何应用技术为客户增加

价值，知道在哪里增加价值，知道增加多少价值，也知道如何根据价值制定高利润空间的价格。

对销售者来说，与客户协同管理其利润增长项目的核心能力就是技术应用管理。这也必须成为每一位顾问式销售者的竞争优势，他们绩效的好坏将根据下列标准来评判。

◇ 客户增加的收入
◇ 客户拥有期间节省的生命周期成本
◇ 客户在能源、劳动力和消耗品方面节省的成本
◇ 客户在维修和服务方面节省的成本

合作意味着成为客户业务的持续改善者。销售点即销售者的结案点。技术应用点（销售者将技术和客户业务结合的地方）即价值创造点。销售者必须成为价值创造的关键人物。提出方案、预览方案和证明价值是销售者结案的工具，而运用价值则是销售者打开合作之门的钥匙。

技术应用是惟一一种为企业赚钱的人际接触方式。销售者以所有其他方式接触客户，或反过来接触自己的支持人员，都会产生成本。这说明了价值存在于客户一方，而供应商则是成本中心，除非其销售者采取顾问式销售的定位。

推销者的销售定位经久不衰更多地是因为惯性，而不是因为它能产生什么效果。有时我们需要一个决定性测试来为顾问式销售提供一个临界点。是否采取顾问式销售定位的一个最引人瞩目的测试就是为一个历史悠久、非常成熟的企业（其产品的商品化性质毋庸置疑，而产品即使有区别，也已经是很久之前的事了）销售。苏莫斯（Xomox）就是这样一家公司。

苏莫斯公司生产用来计量液体或气体流量的套筒阀。它们的样式和功能都和公元 79 年庞贝古城遗迹里发现的阀门完全一样。不仅阀门一样，而且苏莫斯公司在全球有十多个竞争对手都在生产相同的产品。即使如此，苏莫斯公司还是一直保持 20% 到 30% 的净资产收益率。

苏莫斯公司用一种三管齐下的策略指导其销售：集中、定制和当

顾问。

◇ 苏莫斯公司集中于销售给石化行业客户的单一产品线。

◇ 苏莫斯公司为少数客户的关键成功因素量身定制阀门。

◇ 苏莫斯公司在其阀门的应用上为客户提供顾问式服务，通过节省成本或提高生产率为客户增加价值，并根据价值定价。

通过把结果品牌化，苏莫斯公司摆脱了其商品传统上低利润空间的烙印。它销售的不再是与其他商家一样的阀门，而是独特的价值。

苏莫斯公司之所以能够获得高利润空间的原因在于它将自己定位成化学品处理技术的应用者，而不是工业过程控制阀供应商。苏莫斯公司的客户支付的价格高于他们愿意支付给苏莫斯竞争对手的价格，但是苏莫斯公司为客户增加的利润也多于客户从苏莫斯竞争对手那里购买低价阀门省下的钱。

苏莫斯公司的竞争对手都受制于买家，他们用规格单、产品目录和样品把自己定位成阀门推销者。而苏莫斯的销售者出行时轻装上阵，他们不带样品箱，只带一张基准值卡和一份 PIP。他们不受制于买家的推销者，相反，他们是赢得了"自由"的运营经理。

第 2 章
如何渗透客户高层

　　客户方高级管理层很少与推销者打交道，就算有这种时候也是被逼无奈。两者之间没有共同语言，推销者谈的是价格和性能；高管谈的是价值和利润。推销者谈同类供应商；高管想的是他们自己的竞争对手。推销者琢磨高管什么时候才会购买；高管们想知道推销者什么时候能离开。

　　一个推销者不可能长时间与客户高管见面，而且在相当长的一段时间内很难再见到高管。要想赢得与客户高管的见面机会，并能多次见面，顾问式销售者必须准备好使用管理语言；必须解决客户的问题，而不是自己的问题；必须运用他们对客户业务的了解明显提高客户的绩效，而不只是把商品卖给客户。

　　想要渗透客户高层，销售代表必须准备好讨论、证明和宣布他们对这一问题的答案——"你能增加多少利润？"

　　为了使客户相信顾问式销售者能使他们增加利润，销售代表必须遵守图 2-1 所示的顾问信条（Consultant's Credo）。只有理解了顾问式销售者的这些信条，你才能与图 2-2 中的中级管理层合作。客户业务线经理和业务部门经理都集中在这一层，他们的直接上级是"高级管理层"中的人，资金就掌握在这些人手里。

> 　　顾问销售钱，而不是产品。他们交易的是投资收益而不是销售。他们的价格是投资而不是成本。他们的绩效以客户收益额和收益率而非产品性能优势来衡量。他们是客户企业内部的合作伙伴，而不是外部的推销者。他们直接与客户业务线经理和业务部门经理打交道，而不是与采购人员打交道。他们与中级管理者长期不断地合作，而不是一次一笔买卖。他们关注的不是与他们竞争的供应商，而是如何为客户以及自己获得有竞争力的利润。

图 2-1　顾问信条

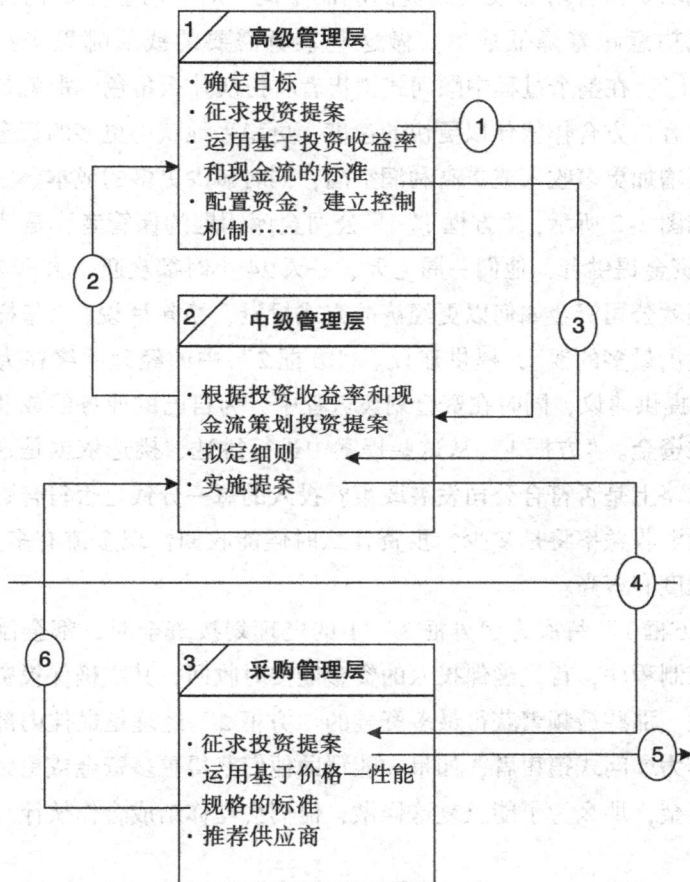

图 2-2　客户管理者等级图

"方框 1"中的人都是"首席级"管理层：首席运营官、首席财务官、首席信息官和公司其他核心业务部门负责人，包括首席执行官。

顾问式销售者应与"方框 2"中的经理结伙，让其成为你的"经济销售者"（economic sellers）。不要期待他们成为"经济采购者"，因为"方框 2"中的经理不采购。他们会帮你做你的工作，这样你就能更好地帮他做他们的工作。

试想一下，如果你是"方框 2"中的一名经理，成功意味着什么？成功意味着总是提高你对利润的贡献。对于一名业务线经理来说，成功意味着增加收入或提高利润空间。对一名业务部门经理来说，成功意味着降低成本。做这些事所需要的钱从哪里来？来自"方框1"。在整个过程中顾问式销售者将扮演什么角色？那就是，必须帮助客户方合作伙伴以更快的速度、更稳妥地获得更多的资金，以使他们增加更多收入或更高利润空间，同时减少更多的成本。

如图2-2所示，"方框1"是公司金库钥匙的保管者，是"方框2"的资金提供者，他们一周七天、一天24小时都欢迎"方框2"中的经理就公司资金如何以更经济的方式投资，换句话说，"怎样使这些钱生出最多的钱"，提供建议。"方框2"中的经理始终在为"方框1"提供建议，同时在资金划拨过程中，为自己的业务线或业务部门争取资金。"方框1"从这些提案中进行挑选，挑选依据是这些建议在战略上是否符合公司发展政策？投入的每一分钱是否符合财务目标？投资收益率将是多少？投资什么时候能收回？现金流有多充足？风险程度有多高？

"方框1"每次为"方框2"中的经理划拨资金时，都会制定相应的控制程序，首先确保投入的资金能按时收回，其次确保投资收益最大化。那些最频繁获得最多资金的"方框2"经理是最佳内部销售者。作为顾问式销售者，如果你能帮助他们获得更多资金或更频繁地获得资金，那么为了能反复这样做，他们会与你结成合作伙伴。

与中层管理者结盟

顾问式销售者的成败取决于他们与"方框2"中的中层管理者结盟的能力。没有他们，顾问式销售者就无法开展销售，因为中层管理者能够以顾问们实现不了的方式为他们销售（sells for them）。双方建立同盟的基础是顾问式销售者创造源源不断的PIP，由客户方经理在内部进行销售，从而获得支持顾问式销售者的策略所需的资金。要想以一名顾问的方式行事，销售者必须符合图2-1中列出的要求。

所有公司高管都以图2-2中"方框1"标准程序思考、感受、行动，所有中层管理者都与他们打交道并效仿他们。除此之外，公司高管的自我定位是金钱管理者。

　　作为金钱管理者，高管们专心做财务管家，管理别人的钱。他们恪尽职守，谨慎投资，将风险分散成可规避的小块。他们管理方式保守，相对于意外的巨大收获，他们更注重稳妥有把握；相对于重大突破，他们更注重系统的增量增益；相对于"昙花一现"，他们更注重连续性。

　　你与中层管理者的结盟成功与否，取决于你对竞争性利润的贡献。中层管理者与公司高管的内部联盟也依据这一绩效标准。当你与中层管理者结盟时，你对他们利润的贡献也增加了他们对公司高管的贡献。这也是他们与你结盟的原因。你贡献的增量价值就是他们对你这个合作伙伴价值的考验。

　　因此，**业务合作伙伴**（business partner）在客户方经理那的定义就是：能为经理的利润贡献带来增量价值的人。要想成为一个合格的顾问式合作伙伴，你必须为业务经理带来足够多的增量价值。这就意味着在下列三种增值价值中，你必须提供一种或一种以上的增值价值。

1. 你必须使合作伙伴比没有你帮助的时候**增加更多利润**。
2. 你必须使合作伙伴比没有你帮助的时候**更快增加利润**。
3. 你必须使合作伙伴比没有你帮助的时候**更稳妥地增加利润**。

　　这些"可交付物"为顾问式销售者设定了绩效标准。是否能与你结盟，取决于客户方经理对以下三个问题的回答：你提出增加多少价值？你提出多久实现这些价值？我有多大把握你能在承诺的时间内实现承诺的增量价值？

　　这与"方框 3"中的采购经理所提出的传统问题截然不同。当推销者对"方框 3"中的采购经理进行销售拜访时，采购经理会问他们能提供多少性能，价格能有多低。但是，中层管理者不购买产品，他们投资价值。他们通过向公司高管销售提案来获取运营所需资金。所以公司高管是最终的买家，他们购买的是能使其投资在最短时间内、最有把握获得最高收益率的投资机会。

　　公司高管评判中层管理层就看他是不是能把钱管理好。而公司高管实际上总会问自己："如果我给他（指'方框 2'经理）一美元，他能还给我多少？我多久能拿到那么多？我有多大把握？"

当你帮中层管理者减少一个重要成本因素时，你就能帮助他们提高运营对收益的贡献。当你为他们增加一个重要收入因素时，你同样能帮助他们提高运营对收益的贡献。这是你们结盟的共同目标，因为这些成就能提高你们彼此的利润。

合伙能力达到绩效标准的客户方经理被称为阿尔法经理（Alpha Managers），即顾问式销售者在客户方的合作经理。阿尔法经理是客户运营贡献的责任人，在该运营的业务计划中，他们负有重大责任。他们管理业务线，为业务线提供支持或提供物资。不要把他们与推销式销售列表中的"政治狐狸"（political fox）、"训导鹅"（coaching goose）和"把关鹅"（gatekeeper gander）相混淆。

每个顾问式销售者的每项客户运营项目中只有一个阿尔法经理。这个人很容易识别，你只需问："谁是该项运营 KPI 的责任人"便能找出阿尔法经理。与阿尔法经理合伙非常关键，一旦他与其他供应商结盟，顾问式销售者就无法渗透客户。

帮助中层管理者增加价值

中层管理者有一系列明确的需求。

1. 他们需要钱。
2. 他们现在就需要钱——要是昨天能拿到更好。
3. 他们需要钱，为的是用它挣更多的钱。

为了使自己能胜任顾问式销售，你必须能向客户方经理证明：你能够帮他们挣到钱；能帮助他们很快挣到钱；能为他们提供源源不断的投资机会，使他们挣更多的钱。这些能力和特点会使客户心甘情愿与你合作。

随着你的产品和服务被你的竞争对手模仿得越来越相似，其功能与特性的差异化不再那么明显，因此很难定高价。这样，差异化的重担就放在了你的肩上。与你的竞争对手相比，你能帮助客户方经理挣更多的钱或节省更多的钱吗？你能帮助他们更快地挣钱或省钱吗？你能使他们更信任你吗？对这些问题的肯定（yes）回答就是你独特的竞争优势，因为它们为你的客户方经理提供了独特的竞争优势。

推销者销售是通过请求采购经理"从我这儿购买吧"。而顾问式销售者销售是通过帮助中层管理者这样的合作伙伴把工作做得更好："和我一起成功！如果你把钱投到我这里，你会在更短的时间内更有把握获得更多的钱。同时，你会占有当前市场的更大份额、进入新市场、减少重要运营的成本或提高生产率。"

因此，与中层管理者建立联系至关重要，它是顾问式销售不可或缺的桥梁。没有它，推销者还是面向采购经理的推销者，正如以下评论所描述的那样（当一个推销者试图以顾问的方式向未受过培训而且未结成伙伴关系的采购部门销售时，通常会发生这种情况）。

"客户没有反应。我们一而再再而三地尝试，但是在我们产品演示结束的时候，他们还是问同样的问题：价格是多少？有多少折扣？"

"在客户决策过程中我们对机会的评估肯定是太晚了。我们没有时间提出我们的 PIP，这点时间只够报价。"

作为顾问式销售人员，你绝不能被客户看作是一个可有可无的投资机会。所以你必须把下面的信息传达给他们。

◇ 如果你在电信行业，你绝不能只是简单的"从事电信"，绝不能只是卖开关、网络或速率。

◇ 你绝不能仅仅是又一个"问题解决者"，你不能只销售解决方案。

◇ 你绝不能仅仅是个顾问。

你必须是一个**利润增加者**，一个合作伙伴。你在客户业务方面的专长和经验能帮助客户提高他们为高层管理者贡献利润的数量、速度和确定性。你必须了解你的合作伙伴"生活"的世界。如果你的合作伙伴从事制造业，考虑使用机器人，那么他们关注的就是成本，具体如表 2-1 所示的各项成本中，你能帮助客户控制哪一个？你的贡献是你进入他们世界的"门票"。你能贡献多少价值，需要多长时间，有多么可靠，这些将决定你是被请进客户的世界做他们的合作伙伴，还是仅仅是一个过客。

表2-1　机器人成本核检表

购置成本

◇ 机器人和工艺装备

◇ 设施设备的更换和重新布置

◇ 应用工程

◇ 流程和产品变化

◇ 培训和调动

◇ 安装

◇ 直接劳动成本

生命周期成本（拥有成本）

◇ 资本

◇ 税收和保险

◇ 维修劳工、耗材和备件

◇ 能源

◇ 培训

◇ 废品和返工

◇ 安全和潜在的伤残成本

掌控客户的组合

　　客户的每一个业务部门都由成本和机会组合。你能否使客户的组合最优化？也就是说，你能否使其最大限度地为利润做贡献？例如，如果你能学会掌控行业生产过程中客户的成本组合，你就能确保自己拥有该行业的标准。

　　这种组合就是你的市场，你适合那里也属于那里。你在那里运作，施展你的才华。你必须知道如何以最具成本效益的方式产生利润，你必须比其他任何他人更懂得这一点。你必须如此精通这些组合，以至于你可以把自己和客户定位成该行业的"组合大师"（mixmaster）。

将客户运营组合最优化的策略主要有以下三个。

Skill

1. 你可以替换掉当前组合的一个或更多元素。比如，如果组合是劳动密集型的，你可以通过换成自动化生产或通过取消某项运营来降低劳工成本。或者你可以将多个流程（如预测和库存控制）合并，从而避免重叠和双重成本。
2. 你可以用你的产品或流程替换掉客户当前组合的竞争性产品或流程。你建议这样做的根据必须是，改变组合能使客户实现财务效益增长，而不仅仅是提高性能优势。
3. 你可以与客户签订利润增长协议，并以系统集成师或设备经理的身份在内部对组合进行管理。或者，你还可以以外包商的身份来管理组合。

所有的顾问都发现，降低客户的成本比提高其销量要简单，而且由成本降低带来的利润增长更容易量化。但是顾问们很快就认识到，任何客户的业务都不是为了控制成本而存在的。客户做生意是为了挣钱，而惟一的挣钱方式就是销售。把自己定位成成本降低者的顾问对客户来说可能很重要，但把自己定位成销售量提高者的顾问对客户来说更重要。

降低的所有成本都可以看成是等量的销售额。不必要的存货费用成本降低等于销售收入相应增加。同样，降低不合格产品、退货和返工、未能当日发货、未按时计费以及未按时收取应收账款等原因引起的废品的成本，也相当于增加了销售收入。这类降低的成本和增加的收入之间的关系，可以具体表述为"相当于每周销售 50 万箱（或每72 个小时销售 1 000 车，或额外 10 架飞机每天以 80% 负载系数运营）的利润"。

聚焦顾问目标

为了提高客户业务或业务部门的利润，销售顾问必须知道以下三点。

Skill

1. 你能够影响的客户业务或业务部门当前的价值——客户当前成本的货币价值、当前的生产力水平以及当前的销售额。
2. 你预计能增加的货币价值。
3. 再减去所需投资后得出的你能增加的净价值。

了解客户当前价值

客户所有的运营部门都是成本中心，唯独销售部门可能成为利润中心，前提是销售利润超过销售成本。客户管理运营有三种策略可以选择：第一种是保持生产率的同时，规避或降低成本；第二种是提高生产率的同时，保持、降低，甚至是增加成本；第三种就干脆取消运营部门，把它当成一个独立的利润中心分出去，或者将其外包给其他公司。

为了向**客户业务线经理**（Customer Line-of-business manager，缩写为 LOB）提供咨询，你必须成为客户市场方面的专家。这意味着你必须精通以下三方面。

首先，你必须**精通流程**，即熟悉产品分销流程以及重要的增值价值在哪里产生；其次，你必须**精通技术应用**，即熟悉如何将你的产品和服务应用到客户的销售和分销过程以提高收入或利润空间；最后，你必须**精通验证**，即熟悉如何将你的贡献量化。

"了解客户的业务"意味着销售顾问在以上三个方面都非常精通。在你的专业领域，你必须知道客户的分销流程，必须能从头到尾把它画出来；必须知道为其收入和收益做了80%贡献的那20%的关键成功因素是什么；必须知道这些收入和收益的价值；必须知道就那些占其收益绝大部分的产品和市场来说，你的基准值是多少，知道客户的收益与之有多大差距；如果客户的利润低于你的基准值，你必须知道如何把它提高至接近你的基准值；而在客户利润高于你的基准值时，你必须知道如何使客户保持在那一水平；你还必须知道你能在多长时间内使客户利润增加多少。只有当你知道了所有这些，你才可以说你了解客户的业务。如果做不到这些，那你就是在进行推销式销售。

为了向业务线提供支持和供给的**客户功能部门经理**提供咨询，你必须熟悉他的运营。这也意味着你必须精通以下三方面。

首先，你必须**精通流程**，即熟悉客户的业务流程以及主要成本集中的地方；其次，你必须**精通技术应用**，即熟悉如何将你的产品和服务应用到客户的流程中，以降低成本或提高生产率；最后，你必须**精通验证**，即熟悉如何将你的贡献量化。

"了解客户的业务"意味着销售顾问在以上三个方面都非常精通。在你的专业领域，你必须知道客户的工作流程，必须能从头到尾把它画出来；必须知道产生80%成本的那20%的关键成功因素是什么；必须知道这些成本的价值；必须知道在这些运营上你的基准值是多少，知道客户的成本与之有多大差距；如果客户的成本高于你的基准值，必须知道如何把它降低到接近你的基准值；而如果客户的成本低于你的基准值，必须知道如何使客户保持在那一水平；必须知道你能在多长时间内做到这些。只有当你知道了所有这些，你才可以说你了解客户的业务。如果做不到这些，那你就是在进行推销式销售。

推销者喜欢称自己是价值增加者，然而他们通常能量化的也只有客户从他们那里购买时他们增加的成本的价值。他们很少知道他们为客户降低的成本的价值，或为他们提高的生产率的价值，抑或为他们增加的收入或利润的价值。然而这些是每个供应商最重要的价值。除非你知道这些，否则你就是在盲目销售。对客户来说，你的价值也只限于你能给的折扣。

更糟糕的是，当你推销时，你是在销售"成本"而不是"提高的利润"。如果你不知道你为客户增加的价值，你只能销售你确切知道的东西：你的产品的成本以及相关理由。一旦销售成本，你就会受制于客户采购部门，因为采购部门的主要目的就是控制成本。那样的话，你就会被禁锢于推销而不得脱身。

安排价值转移

从顾问式销售的角度看，**销售**就是价值转移。客户的资源——时间、才干和金钱等被转移，换得供应商的产品和服务为客户的利润所做的贡献。同样，**销售拜访**也必须是价值的交换。客户必须获得新知识：他们必须知道供应商的利润贡献基准值，知道其运营目前的利润贡献与这些基准值相比怎么样。而供应商也必须获得新知识，这包括客户业务或业务部门的数据。这些业务或业务部门对利润的贡献可以提高到接近供应商的基准值。换句话说，供应商必须获得**销售线索**。除非供应商在拜访结束时得到了策划 PIP 所需的数据，或者 PIP 被当场接受，否则的话，其销售人员就不能算是进行了一次销售拜访，而只能算作用工作时间进行了一次社交活动。

所有的价值都是客户价值。增值价值不可能在工厂里产生，它只能在客户业务中产生。如果你打算为客户增加价值，你首先必须知道它原有的价值。这就是客户的"之前价值"。新价值就是"之后价值"。之前价值和之后价值之差就是**你的业务带来的增值价值**。事实上，**这就是**你的业务、你的工作，也是你从事该工作的目的。

为了实施顾问式销售，你增加的价值必须成为你销售的产品。你必须成为一名增值价值销售者。这就意味着你必须了解你的"产品"，也即你所代表的价值。

与所有产品一样，价值也有它自己的"规格"（specifications）。这些规格为价值赋予了性能，即它在客户企业里能做什么。你的性能取决于客户，而且依客户每一项技术应用的不同而不同。你的每一个"价值产品"对客户来说都是独一无二的。没有哪两个价值是完全相同的，除非出于偶然。其导致的结果是，你不可能打印出一个价目表。因为价值依客户的不同而不同（它们在你的基准值的值域上下波动），所以你要求的价格，客户为获得每一个价值所进行的投资，也会不同。

价值有三种"规格"。

第一，价值有"多少"。你将能够增加很多价值或很少价值。

第二，价值有"快慢"。你将能够很快增加价值或需要很长时间才能增加价值。

第三，价值有"确定性"。你对增加价值相当有把握或者你闪烁其词。

"多少"、"快慢"和"确定性"的组合构成了你将能提供给每个客户的价值利益。你必须能够量化每种价值。如果你只能说"相信我们会很快为你带来很大价值"，那么你等于什么都没说。一旦你把价值量化，你就会知道你最重要的销售工具：你的增值价值对客户的价值。

了解增值价值的价值

如果客户与你进行业务合作的结果是你为他增加了一美元的价值，那么，你真正为他提供的东西是什么？我们来细细分析这一美元的三种价值。其一，是货币价值，一美元就是一美元。其二，是时间价值，今天一美元的价值大于明天同一美元的价值。其三，美元有投资价值。以某一收益率投资，它的价值会是最初价值的几倍。

你的价值就是客户能用它干什么——这取决于他们能从你那里得到多少价值，何时能得到这些价值，用这些价值做什么。这就是你那一美元的最终价值。与价值一样，美元只有在客户企业内部才能升值。要为客户创造新价值，你必须深入他们的业务——深入关键业务线和关键业务部门并帮助客户管理它们。没有客户你不可能创造价值。同样，没有你，他们也不可获得你提供的那些增值价值。为了提高一项业务的价值，你和客户都需要对方。这种需求的一致性使你们能够结盟。

作为顾问，你最需要掌握的业务知识就是对客户而言**你的价值**，即通常情况下你为他们贡献的利润以及做出这一贡献需要的时间。

一旦知道你的价值对于客户的价值，你和客户就可以看清楚你是个什么样的顾问。如果你的价值与客户不用你而独自能获得的价值一样，那你就算不上是个顾问。如果你的价值大于客户不用你而独自获得的价值，或者大于其与其他供应商合作获得的价值，那么你就是个一流的顾问。

要想成为客户的顾问，你就必须为他们提供最好的价值，提供任何其他人都不能提供的最好的价值规格——更多价值，或者更快，或者更确定。如果你能做到这些，你的价值就能成为行业标准。

如果真的是这样，你的价格就有了新的基础。你的价格不再需要反映成本或竞争市场的价值，而可以把你的价格与基于投资收益的价值联系起来。客户增加的价值就是他们投资获得的回报，而你的价格就成了他们的投资。客户获得的丰厚的回报，就是你要求溢价投资的充分理由。

如果不知道自己的价值而进行销售，你所知道的其他一切对创造利润空间都毫无价值。比如，在一家发动机制造厂的车间地板上安装60台无线电话，你应该定价多少？或者用顾问式销售的话来说，你应该要求客户投资多少？你猜测应该是15万美元，因为你不知道客户第一年因停工期减少而节约的成本是150万美元。在价值与价格比是10：1的情况下，你把产品赠送给了人家，这是多么亏本的买卖啊！你也许会去做这笔买卖（即60台无线电话卖15万美元），如果那样的话，你可就成了慈善家了。

第 3 章
如何获得高利润

无论对于顾问式销售者还是对客户来说，利润都是重中之重。尽管双方参与同一项业务，但你与客户扮演的角色截然不同。

制定利润目标是客户的事，客户不可能把这一任务委托给公司之外的任何人来做。公司之外，也没有一个人能做到足够了解公司的总资产和总负债（财务、运营或人力方面的），并能根据这些制定业务目标。作为销售顾问，你很少关注客户业务的方方面面，你的关注点集中在你本人参与的产品或服务系统的应用或使用上。因此，你的角色关乎你的产品和服务系统的价值对客户盈利能力的加性效应。你是**每个客户增量利润的提高者**，而不是总利润的创造者。

客户的主要管理职能就是制订战略战术计划，以实现利润最大化。你的作用局限于提高利润。这就意味着你的提案是在客户制定好自己的利润方案后提出的。因此客户的利润目标是你的利润目标的起点。

PIP 为客户增加的每一个价值都是客户当前价值的增量。这意味着客户在已经支付的固定成本不增加的情况下，能够提供更多的价值。PIP 不需要客户额外建工厂，不需要客户开发新的研发设施，也不需要客户雇佣新的销售经理或销售代表。PIP 使客户当前的开销更高效，成本更低，利用小投资获得明显更高的回报。

这就是顾问式销售者之所以要提出"贡献"的原因。他们所提出的不是他们自己贡献利润的能力，而是以顾问的方式帮助客户使现有资产做出更大贡献。

基于价值的客户投资

凡是被标上价格的东西都可称作产品。产品是出售的东西，是让客户花钱支付的对象。推销者为硬件或软件或将两者结合的系统贴上价格标签。而顾问式销售者剔除了价格概念，代之以应用产品、服务或系统为客户带来利润的投资。这样，投资产出的价值可以偿付投资本身，所以客户的成本，即价格为零。

一旦价格被剔除，成本就不存在了。因此，由竞争价格决定的公平市价（fair market value）这一定价标准也就消失了。对于客户的价值是客户投资的基点，这是 Becton Dickinson 公司从其销售给医院的注射针头发现的一种做生意的方式。当采购者是客户时，他们抱怨10 美分一根的注射针头太贵了，因为从其他供应商那里他们仅花 7美分就可以买到。当时 Becton 公司的惯性思维是打一场不赚钱的价格战。但价值分析表明，即使没有任何并发症或法律费用，每次意外的针刺伤事故都会使医院在时间和文案上平均花费 400 美元。

假如 Becton 公司能够使针刺伤事故的成本降低，降低幅度超过其竞争对手注射针头价格节省的三美分，结果会怎样？Becton 对客户的价值是什么？要获得这一价值，客户需要进行什么样的公平投资（相对于投资回报的公平，而不是相对于注射针头价格的公平）？Becton 应当根据价格来销售，还是应当根据避免针刺伤事故发生（这源于先进的针技术、对医院工作人员的培训，以及在安全操作方面提供的专业咨询）这一价值来销售？

惠普公司有过类似的发现。在某一季度，惠普的利润下降了46%，因为"毛利润增长的压力使收入增长无法转化为收益"。换句话说，价格竞争吃掉了利润空间。而对同一季度惠普增值价值的分析显示，惠普根据价格和性能来推销其计算机系统的做法，实际上把大量潜在利润空间都放弃了：

◇ 就某一客户来说，支付给惠普的每10 万美元使其成本降低了120 万美元，价值与价格比为 12∶1；

◇ 就另一个客户来说，支付给惠普的每 25 万美元为其带来了 875 万美元的收入，价值与价格比为 35∶1。

如果不知道你的价值，不销售价值，那么你惟一能做的就是打折。一旦为了销售而牺牲利润空间，你就再也无法把它捞回来。折扣无情，因为它损失利润：

◇ 如果一开始你的利润率是 50%，价格打 10% 折扣的话，你必须多销售 25% 的产品才能实现同样的收入；
◇ 如果一开始你的利润率是 35%，你必须多销售 40% 的产品；
◇ 如果一开始你的利润率是 20%，你必须多销售 1 倍的产品。

让我们换个角度来看这个问题。如果某产品的成本稳定保持在 1 美元售价的 91.9%，3% 的折扣会使利润从 8.1% 降到 5.1%——97 美分新价格 37% 的利润就损失掉了。

"薄利多销"是个神话。销售成本随着销售量的增长而增长，这样就抵消了收入的增长。例如，如果 3% 的折扣能使销售量增加 5% 到 6%，那么需要 4 个 3% 折扣销售周期才能使销售量增长 20%，到那时单位成本才开始下降。换句话说，销售量必须增加 1/5 才能与原来的收入水平持平。

不明白价格与价值关系的公司只能破产。当数字设备公司（Digital Equipment）从计算机行业排名第二的位置开始下降的时候，公司创始人肯·奥尔森（Ken Olsen）认为他找到了其中的原因。"我们销售电脑，而客户想要的是业务问题的解决方案，"他说，"你可以看到在 DECWorld，我们已经解决了这一问题。"但是关于 DECWorld 的新闻报道将其形容为"该公司创新技术和产品线的展示"。

如果销售的是技术本身而不是技术解决问题带来的价值，那么即使创新技术也无法帮助你保持利润空间。数字设备公司的 Alpha AXP 微处理器是当时最快的高性能计算机芯片。然而，该公司被迫连续几次降价，每次降价幅度高达 31%。自始至终，Alpha AXP 一直是世界上运行速度最快的芯片，而其制造商对其价值却最无知。

在定价前先估算价值，然后根据价值来定价，这是最基本的顾问式销售策略。否则，通常比销售额还要多的钱必定付之东流。

Metaphor 计算机系统公司的首席执行官大卫·利德尔（David Liddle）事后计算了一下该公司为已经使用 Metaphor 系统长达两年或三年时间的九个大客户带来的增值价值。他发现，九个大客户仅在此前 12 个月里平均收入就增加了 870 万美元，这些可以直接归功于 Metaphor。在之后的三年，这些客户预计 Metaphor 系统的平均年收益率甚至高达 15∶1。利德尔因此非常懊恼，他后悔当初在 125 万美元价格基础上打了 30% 到 40% 的折扣把系统卖给了这九个客户。

假如利德尔事先知道自己的价值，坚持不打折扣，那样的话客户支付给利德尔的每一美元也能获得 8 美元的回报。所以当初利德尔非但不应该打折扣，甚至还应以更高的价格来出售。

如果你没有意识去提高客户的利润，客户将时刻准备好减少你的利润。加拿大大陆保险公司（Continental Insurance of Canada）在使用了施乐公司（Xerox）的高级文件系统（Advanced Document System）一年后，施乐公司的一个竞争对手向大陆保险公司提出，把该公司使用的所有施乐文件系统全部买下来，然后换成他们自己的系统，售价仅是施乐公司的一半。为了保住这项业务，施乐公司把价格降了一半，损失超过 50 万美元。

完成这一交易后，施乐公司深入到大陆保险公司的运营中，了解到了他们早该知道的东西：在 12 个月里，使用施乐公司的高级文件系统为大陆保险公司带来了 1 770 万美元的收入增量，运营净利润达 190 万美元。然而，由于当时不了解自己的价值，施乐公司被迫在价格上进行竞争。

客户盈利能力的提高使得供应商不必进行价格竞争。能够应用供应商的产品将某一新产品的研发成本降低 160 万美元的制造业客户，没有理由要求 100 万美元的价格折扣。同样，如果因创新周期缩短 6 个月而节省了成本，在第一年出现 150 万美元的增量收入（要不是创新周期缩短，该收入为零），那么供应商有理由根据价值来定价。

避免折扣的惟一方法就是销售你的增值价值，而不是你的产品或服务。你不能在价格上打折扣，同样也不能以其他不明显的价格优惠方式给予折扣，如更有利的支付条款、额外的保修项目、免费培训等，这些都是变相的折扣。

创建 PIP

顾问式销售者的日常工作就是创建 PIP。每个 PIP 都通过将你的产品和服务系统应用于客户的业务运营而为客户的利润目标增加价值。通过这样的增值价值，你也能获得更多的利润。

PIP 的创建应该是一个不间断的过程。一旦开始，就不会停止，因为在一个客户公司中提高利润的机会是无限的。

运用下列五个标准能使利润增长投资组合的挑选变得更容易，这些标准能帮你制作最有可能成功的 PIP。

Skill

1. **新利润应当能在 365 天内实现。** 时间延长会带来不可预测的风险。这不仅会使利润无法计算，而且会使客户失望，甚至取消已经开始的 PIP 项目。

2. **新利润对你和你的客户都具有重要意义。** 不能把共享增值利润与利润平分相混淆。第一个目标——双方都盈利是合作伙伴关系概念的一个至关重要的方面。而第二个目标——利润平分既不可能也无必要。

3. **新利润必须来自一项主要产品或服务的性能，** 这样你的公司才能赚钱。同样，如果想让客户盈利，你的提案必须影响一项主要产品、服务或运营。

4. **新利润必须是可测量的，** 要表现为净利润增加或运营资产的投资减少。如果结果无法测量，或者没有规定量化方法，那么就连利润提高是否出现都可能无法达成共识。

5. **新增利润不应该是一个孤立的实体，** 而应该是一个自然而然引发一连串其他利润项目的模块。

中层管理者都是成本中心或利润中心经理。不管其业务部门从事何种运营，不管其业务线向什么市场销售，他们实际上都是在从事资产管理。公司高管以现金或者信用的方式为中层管理者提供资产，期望他们将这些资产投入运营，使原始投资产出利润。中层管理者根据资产管理规模运作指标将原始投资划拨给固定资产和运营资产。这项工作他们做得怎么样决定着下次他们能从公司高管那里得到多少钱。

顾问式销售者可以通过以下三种方法来帮助中层管理者成为一个成功的资产管理者。

Skill

1. 通过为客户方经理的投资组合增加优质投资机会并帮其获得更多资金，他们能帮助客户方经理提高向其高层销售提案的成功率。

2. 通过为客户方经理的投资组合增加更多投资机会并帮其加快这些机会的周转率，他们能帮助客户方经理缩短高层接受提案的周期。

3. 通过增加有助于客户方经理获得更多利润或更快、更有把握获得利润的专业知识和技能，他们能帮助客户提高实施项目的成功率。

顾问式销售根据的是一个通用的管理法则：**如果没有资产管理计划来减少客户拥有资产的成本或者使客户获得超过资产价格的收益，就不要增加客户运营资产。**

对许多行业客户的业务来说，极小的问题都有可能引起巨大成本。假如通过某一炼油厂阀门的油中有 0.01% 泄漏，那么每小时就会漏油 1.2 桶，每天漏油 28.8 桶，一年就是 10 512 桶。按每桶油 10 美元计算，一个漏油的阀门一年就会使销售额损失 105 120 美元。

如果你出售防泄漏阀门，那么每个阀门带来的 105 120 美元的年增量收入，再乘以炼油厂漏油阀门总数，就是你的产品。

同样，如果你能阻止污染物漏进内盛 25.2 亿加仑优质油的油箱，不让这些油降级为每加仑售价低 0.03 美元的普通油，那么每个阀门带来的 75 600 美元的年增量收入就是你的产品。

在商界，钱只有一个目的：赚更多的钱。要想成为一名顾问式销售者，你给自己的定位必须是给客户增加这些价值："用更短的时间更有把握地赚更多的钱"。这是最好的产品，所有的客户每时每刻都需要它。不管你销售什么，这种需求始终存在，因为不管手上有多少钱，钱总是不够花。钱再多都不够多，再快都不够快。如果问中层管理者，"你想要多少钱？什么时候要？"他们惟一的回答就是，"更多！昨天！"

中层管理者拥有的每一分钱都是借来的。到了"方框 2"提案中所承诺的投资回收期，借来的这些钱（"方框 1"经理划拨的资金）随时可能被收回。但这只是个开始。公司高管投资不只是为了收回投资，他们的目标是以最快的速度使投资收益最大化。从这个意义上来说，公司高管借给中层管理者的资金是信托资金（trust funds）：公司高管指望中层管理者带利偿还资金。

定位利润增长

定位客户利润增长需要通过三个步骤：

第一，诊断需要解决的客户问题或可以利用的投资机会；

第二，设计解决问题或利用机会带来利润增长的方案；

第三，描述能带来利润增长的系统之运营和财务运作。

第一步，诊断问题或机会

作为顾问，你的首要任务就是赢得客户的信任。最初的信任来自于展示你在客户业务方面的知识。在客户能够说"这个供应商了解我的业务"之前，他很少会说"这个供应商能提高我的利润"。

事实上，你必须在两方面精通客户业务。首先，你必须知道可以减少的重要成本中心的位置；其次，你必须知道如何使你客户的客户从客户那里多购买。在第一种情况下，你必须设计一个系统来降低客户成本，这是一个解决问题的系统。在第二种情况下，你必须设计一个系统来增加客户销售量，这是一个抓住机会的系统。

确定客户的问题或机会有两个组成部分："你知道什么"和"你是怎么知道的"。第二部分通过引用你的信息来源，来证明第一部分。这也能增加你的可信度。客户成本问题或者销售机会的信息来源可能有三个。其一是客户披露，这是最可靠的信息来源。其二是你之前与客户打交道的经历、与同行业其他公司打交道的经历或者是体现为基准值的你的业绩记录。其三来自你的调研，这就是所谓的"开夜车"信息来源。

第二步，设计 PIP

第一步的目的实际上是告诉客户："现在的情况影响了你们的利润。要么就是你们在产生不必要的成本，要么就是没能抓住增加销售收入的机会。"第二步的目的就是告诉客户："如果我们合作，我们就可以通过一项具有成本效益的投资来减少其中的一些成本，或者增加销售收入。"

通过用投资收益这一商业术语来谈论系统的益处，你能使客户进一步认识到你对其业务非常了解。通过量化该系统能给客户运营增加的价值，你就为客户决策创造了一个"业务经理对业务经理"，而不是"推销者对采购者"的环境。

为客户设计的 PIP 必须具体说明应用你的系统预计能给客户带来多少收益。收益必须以增长率和货币价值两种形式表示。这些量化数据，也就是以货币形式表示的最终收益，而不是系统性能和构件规格，才是顾问式销售者系统的最终"规格"。客户要购买的也是这些东西。因此，你要设法把这些东西提供给客户。

IBM 公司销售计算机辅助结账台的顾问式销售者曾接触关键零售客户的最高管理层。顾问式销售者如此描述成本降低和销量增加带来的利润增长："对于一个每周销售额为 14 万美元的商店来说，顾客结账速度加快和收银机盘账速度加快，预计每月能为商店节省 7 650 美元。"据说，运用计算机辅助结账系统后，平均每单结账时间减少了 30%。此外，IBM 销售代表还称，由于不再需要纠正收银员的失误，因此而节省的时间和成本每年能为每个商店节省 91 000 美元。

如果一家商店正在扩展业务，那么每年节省的钱可达 14 万美元，这相当于一个星期的销售总额。节省的这些钱的净值将直接流入商店的最终收益。IBM 所做的重要贡献就是为商店业务增长提供了额外资金，这些资金可以补充销售收入，为进一步增长进行再投资。在为商店做贡献的过程中，IBM 以顾问的方式销售计算机。

很多时候，同一个解决方案在增加客户销售收入的同时还能降低其成本。几乎在所有的情况下，增加的收入高于节省的成本。获得收入是客户经营的目的所在。客户销售收入增加始终优于销售成本降低，除非降低的成本是销售成本。如果是这种情况，一个利润中心业务线经理既需要增加收入，也需要降低成本。

如果销售一种仿真软件能使制造业客户在电脑屏幕上设计新产品，而不必再制作物理模型，那么你就能降低客户成本，同时也能增加客户收入。

Skill

◇ 你可以通过以下方式增加客户收入：帮助客户使产品更快进入市场，或者创造更可靠、更持久、更节能、更安全、造型更好、更易定制的产品。

◇ 你可以通过以下方式降低客户成本：减少物理模型数量和测试次数，减少工程师数量，缩短设计时间，减少产品用料，降低保修成本，减少产品召回次数，减少设计变更次数、降低培训成本，降低违约罚款和滞纳金。

你如何决定销售什么？你可通过比较相对贡献来决定。

Skill

◇ 帮助客户把新模型更快推向市场能为客户增加多少收入？客户需要多长时间才能收回投资，实现 PIP 中承诺的利润增长？

◇ 增加的收入与设计效率提高所节约的劳动力和时间成本相比怎么样？

◇ 就数量和所需时间来说，设计效率提高所节约的成本加上保修成本降低所节约的成本，与增加的收入相比怎么样？

◇ 几方面节约的成本加起来是否会超过 PIP 中承诺的收入增长？

虽然成本降低幅度通常小于收入增长幅度，但降低成本有五个好处。第一，成本容易量化。第二，成本降低速度要快于收入增长速度。因为成本是内部因素，因此降低成本的第三个好处就是，与增加收入相比，实现提案中承诺的成本节约把握更大。第四，一旦某项成本被降低或被消除，它能这样永久保持下去，这一贡献就会年复一年地起作用。第五，如果向寡头垄断市场的成熟客户销售，降低成本可能是最具成本效益的策略，因为在寡头垄断市场，市场份额只能交换，不能获得。

第三步，详细说明系统

第三步是说明能够按照承诺为客户带来利润增长的系统，并通过把"价格"解释为"投资"来证明其高价的合理性。不要向他们报系统的价格，而要向他们承诺，投资该系统能为其带来正收益。

详细介绍系统的目的不是为了销售系统，而是为了拿出证据，证明你承诺的收益来自系统的已知功能，这些功能是经过精确设计的，能以最具成本效益的方式为客户提高利润做贡献。该系统支撑你的承诺。系统的功能加上你应用这些功能的专业知识和技能，是赋予客户新的盈利能力的手段。

系统展示的最后一步就是制定一些标准，你和客户方合作伙伴根据这些标准对系统提高所承诺收益的能力进行逐步监控。销售者至少要制定三个控制标准，以使其与客户的伙伴关系得以确认。

Skill

1. 完成每次安装和运营阶段的时间框架。
2. 测量系统逐步融入客户业务部门之影响的监测点。
3. 定期的进度检查和汇报会，以防止问题的发生，同时预测新应用以及进行系统延伸、系统升级、系统现代化或系统更换的机会。

将客户为与你做生意（以提高利润）所需支付的成本，与客户预期将获得的收益进行对比分析，是顾问式销售的核心。成本收益分析，实际上应称为"投资收益分析"，能决定利润项目是值得投资还是没有任何意义。它告诉客户为"获得多少回报"需要"投入多少"。表3-1是分析成本与收益关系的术语表。

表 3-1　成本收益术语表

投资	是指客户获得我们的解决方案所需的支出增量总额，它包括仅仅超出客户与我们做生意的成本的部分：资本设备和材料、软件、年度维修以外的其他服务、培训以及其他需支出的可变成本（variable costs）。人们把总投资假定为初始年全部支付的一次性成本。成本收益分析中的"成本"就是总投资。用资本设备的总投资乘以快速收回成本制度（accelerated cost recovery schedule，缩写为 ACRS）所允许的当前折旧率，再从总投资中扣除由年度累计折旧产生的现金流。
现金流	是指我们的解决方案节省的成本和获得的收入所产生的增量现金流。现金流每年都计算，到总投资有效期结束可以累积计算。现金流是成本收益分析中的"收益"。
投资回收期	是指累积现金流正好偿付客户总投资那一时刻，这样投资回收期之后，现金流为正向现金流，这样就可以产生利润了。
净现值	是指所有未来现金流的总和扣除每年机会损失之后的当前价值（NPV）。机会损失就是将等量的总投资用于其他项目可能节省的成本或获得的利润。在总投资的有效期内每年都要计算机会损失。（到第二年开始时，第一年 50 000 美元的净现值为 41 667 美元，也就是 50 000 美元乘以 0.83333 这一因子。）
内部收益率	是指贴现计算的每一美元投资的平均年度收益率。如果净现值为 60 美元，资本成本为 10%，收益率为 8%，那么内部收益率为 18%（8%+10%）。资金成本是客户的最低预期收益率。

定位利润项目

　　一个 PIP 就是一个利润项目。其实施地点就是客户的经营场所，或者是其一条业务线或者是其一个业务部门。PIP 是一个赚钱项目，它告诉客户："这里产生了不必要的开支或错失了可实现的收入；这里给你带来了成本；这是你能节省的成本或获得的收益；这是获得改进所需的投入；这是你看到最终收益增长所需要的时间。"

PIP 旨在影响客户的经济。要做到这一点，PIP 要包含供应商产品或服务的价值，以及咨询服务和培训所提供的信息。有时 PIP 也涉及融资，形式为分期付款或租赁。但每个项目的基本要素是项目管理者。

定位利润增长项目是顾问式销售者的首要技能。这要求销售者是一名优秀的诊断专家，确保从一开始就对项目有一个正确估计。销售者还必须是一名优秀的建议者，这样才能为他们已经诊断的问题或机会提出最具成本效益的解决方案。销售者也必须同时是优秀的安装者、实施者和应用者，把解决方案无缝地运用于客户运营，使之成为其自然流程的一部分。最后，销售者还必须是优秀的规划者，从项目开始到投资回收，再到提案目标的实现，保证每一个里程碑都能如期到达。在沿途的每一步，他们都必须是客户方人员优秀的合作伙伴。没有他们的合作，客户方将一事无成。

PIP 的目标客户必须看到，顾问式销售者是在邀请客户为提高其运营对利润的贡献而进行投资——而不是让客户购买顾问式销售者的产品、服务或系统。客户对销售者的产品没有任何兴趣，惟一关注的是他们已经拥有的资产，以及如何提高资产的贡献。

一项利润增长项目始于客户接受销售者的提案。而其终结不是一次性交付产品和服务，而是按时实现客户利润的增长。在此期间，销售者必须管理工作流程。更重要的是，他们必须管理新利润流。

诊断客户迄今尚未解决的问题以便其得以解决，这一能力是项目经理令人羡慕的财富。设计出简单的解决方案，使客户问题或机会首次以成本有效的方式得以解决，这一能力同等重要。但是顾问式销售者最重要的能力是可靠性。客户是否可以依靠项目经理来控制项目、使项目不失控，迅速发现偏误并马上纠正、避免超支、不出意外？如果答案是否定的或有时更糟，那么不管你有多大的创造力，不管你解决问题的能力有多强，这都无法弥补可靠性的缺少。

每一个顾问式销售者的智力资本以及运用智力资本的方式都是不

同的。面对相同的客户运营、相同的客户目标以及相同的商品和服务，顾问式销售者始终要提出客户认为是最好的解决方案，即解决一个问题或实现一个机会的最具成本效益的方法。你如何成为一个成功PIP 的提出者，并最终成为成功项目的管理者？

　　顾问式销售的成功秘诀就是你为每一个 PIP 设计出获利多少、需多长时间、有多大把握三者最优组合的能力。换句话说，在把技术才干运用于客户业务运营这方面，你的智力资本比另一个顾问式式销售者强出多少？

　　顾问式销售的价值基础可以归纳为一句话：**顾问式销售者从事的是以 50 美分或 60 美分的价格出售 1 美元的价值的活动。**

　　这比任何推销者销售 1 美元的成本所获得的利润都多。

　　销售钱至关重要，因为没有人能再从产品上获利。日本办公自动化研究所（Japan Institute of Office Automation）的铃木太郎（Yotaro Suzuki）这样问道："在一个质量无可挑剔的世界，你如何定价？"任天堂（Nintendo）前总裁山内溥（Hiroshi Yamauchi）的回答是："在硬件上无法收取溢价。"在美国，客户对他们的供应商最常见的评价是："他们制造的机器很棒。那又怎么样？"

第 4 章
如何制定合伙目标

　　要想使客户的业务增长，顾问式销售者必须参与进去。**除非你了解客户的业务，否则你无法使其增长。**任何业务的增长都不能由局外人来管控。作为一个局内人，你可以与客户一起**经营业务**，而不是作为一个外部供应商与客户做生意。与客户一起经营业务的机会存在于客户运营，即那些你能影响其结果且能使客户运营出现增长的机会。

　　多次调查显示，为客户结果做贡献是客户满意度三个最为关键的因素之一。很少有客户说他们需要更好的产品。事实上，很多产品超出了客户需求，如数码设备公司的"世界上速度最快的"Alpha 微处理器，为了与价格较低、速度较慢但"已经够好"的惠普和升阳（Sun）系统进行竞争，Alpha 微处理器每过一段时间就得降价。由此可见，客户需要的不是产品性能，而是供应商在以下三个方面的表现：更了解客户运营，更了解客户竞争形势并有更巧妙的方法应对竞争，无需客户要求主动为客户利润增长做出更多积极贡献。

　　没有客户就没有你的业务。因此，你们必须（与客户）经营同一业务。这就意味着你必须把客户放在首位，把客户的盈利能力作为共同的首要目标，并把你管理自己的业务也当成客户的业务、通过客户管理的业务以及为了客户而管理的业务来看待。

　　每种业务都有其天然的合作伙伴。你的合作伙伴是谁？

　　理想的合作伙伴符合以下五个标准。

1. 他们希望增长。
2. 他们希望你给他们带来增长。
3. 他们希望你为他们带来的增长在你的基准值范围之内。
4. 他们反过来能让你增长。
5. 你为他们带来的增长会让他们变成优秀合作伙伴。

如果你知道你的天然合作伙伴是谁，也知道他们要实现增长需要你做什么，那么你一开始就可以把 PIP 呈给他们。你的业务定位可能是对他们业务的自然回应，你的系统功能可能正好满足他们的需求。而且，你的数据库中可能包含有关他们增长问题和机会的知识。你的整个业务可能正好与客户的业务互惠互利。

你的天然合作伙伴有两种：一种是因为你，其业务目前正在增长的；另一种是你本可以使其业务增长，但目前还没有增长的。

剖析天然合作伙伴

要想确定应与谁结成合作伙伴，你需要回答以下四个关于客户的问题。

Question

1. **你目前正在为谁带来增长？** 你的一些增长合作伙伴是你已经在为之带来增长的客户。你可能没有意识到你为他们的增长所做的贡献，但他们其实是未被认可的合作伙伴。要想确定是否把其中之一作为合作伙伴，你需要再回答三个问题。

2. **你还能给他们带来多少增长？** 增长发生在未来。你为客户未来三年业务增长规划的利润增长，预计增长率最有可能是多少？如果预计增长率稳定不变，甚至是下降，他们就不是你真正的增长合作伙伴。这种情况下，他们可能是你的一个成熟的客户，你可以继续以竞争价格向他们推销产品并从中获利，但不与他们结成合作伙伴。

3. **他们为你带来多少增长？** 你可能无法知道你为目前的客户到底带来了多少增长，但要计算你与客户的业务使你的利润增长了多少比较容易。衡量利润要依据四个标准：利润绝对值；与你所有客户相比得出的利润的相对值；利润增长率；在过去三年中利润增长率趋势。

4. **他们还能为你带来多少增长？** 因为增长合作伙伴关系必须互惠互利，所以你必须对自己未来三年利润增长可能性最大的预计增长率进行评估，来看它是增长、稳定不变还是开始下降。如果客户业务和你的业务的利润增长率都将增长，那么你们就具备了理想的增长型合作伙伴基础。

关于潜在的合作伙伴，你需要回答以下三个问题，以确定与谁结成合作伙伴。

Question

1. **你还能为谁带来增长？** 你本可以使其增长但目前还没有增长的企业是你顾问式销售扩展的源泉。一个企业必须满足两个标准才算得上可增长企业：第一，通过运用你的专长，该企业的业务部门可以大幅降低成本；第二，你的专长必须能够增加客户自身可盈利的销售机会。

2. **你如何使他们实现增长？** 对于每一个你确定为潜在合作伙伴的可增长客户，你必须制定一个增长策略。该策略将列出你为客户业务增加新利润的具体方法。你需要明确降低业务部门成本能带来多少利润，利润流什么时候开始，将持续多长时间。你还需要明确你能提供的新销售机会的利润额和利润流，以及这些机会预计将来自哪些市场。

3. **他们能为你带来多少增长？** 你能为其带来增长的企业必须也能为你带来增长，这样才值得合伙。对方为你带来的利润额以及未来三年的预期利润增长率必须高于你公司对利润增长率的最低要求。

就收益分享而言，并不是所有的伙伴关系都是一样的。收益分享是伙伴关系的精髓。在伙伴关系中，获得的回报与承担的风险及做出的贡献成正比。如果某个关系由于某种原因停止了收益分享，那它就不再是完全意义上的合作伙伴关系。

完全意义上的合伙关系要求其内部运作360度全透明，任何事项都不得隐瞒，合作伙伴双方都可以很好地预测自己的地位。下列标准适用于挑选客户内部具体的合作人：他们天性是一个乐意分享者，还是一个谋求自我扩张的吝啬鬼？他们倾向于考虑利润还是倾向于考虑成本？他们是公平交易者，还是把基于成本的价格作为交易惟一依据的传统主义者？

循环持续增长

你如何判断客户方经理是不是合作伙伴？如果他们告诉你令其头

疼的问题或他们幻想但未实现的机会，从而给你提供销售线索，那他们是合作伙伴。如果在每一个成功的 PIP 项目之后，他们不停地问你下一步做什么，或者你还能为他们做什么，或者下一个目标是什么，那么他们是合作伙伴。如果为了得到你的 PIP 所需资金，他们向上级申请，从而间接地为你销售，那么他们也是合作伙伴。

循环持续增长由连续的 PIP 组成。每一个后续的 PIP 启动时，它前面的 PIP 还不到其预期生命的一半。一旦 PIP1 开始产生利润，收益的一部分可以用来支付 PIP2 所需投资的一部分，或全部投资，以此类推。

随着 PIP 自筹资金的继续，出现了"合作伙伴资金池"供你使用。这是合伙关系的最终结果——通过自身来实现财务自主，而不需要通过第三方资助来实现持续的利润增长。

只有当合伙双方创建了资金池，业务伙伴关系才合法化。在此之前，它只是一种关系。一旦双方将资金池资本化，他们就可以自行支配资金，就好像他们是一个微型企业一样。客户方经理不再是客户，而是**委托人**，顾问式销售者也不再是销售者，而成了**联席经理**。

建立伙伴关系需要做出两个选择。一个是你选择将要增长的客户，另一个选择由客户来做：他们为什么要与你合伙？其原因有以下三个原因。

Skill

1. **你是他们利润增长的重要来源。**你能为客户新利润所做的贡献必须非常可观，只有这样，你们的伙伴关系才足够重要，值得成为你们双方心目中最为关注的一件事。

   成为客户利润增长的重要来源意味着你必须带来有价值的增量利润，你必须及时实现这些利润，认识到金钱对客户的时间价值。在这方面，你必须非常可靠。当你说你能提高客户的利润时，客户会指望你这么做，而且指望你实现你所承诺的利润增长数。你对他们的重要性与你的可靠性成正比。

2. **在实现持续利润增长方面，你是他们最好的投资。**当客户与你做生意时，他们必须把支付的价格看成是投资而不是成本。两者的区别至关重要，因为只有投资才能带来回报。他们必须明白，他们不是在投资你的产品、服务或系统，甚至也不是投资你的解决方案，他们是在投资新利润。他们投资于你获得的收益必须是其所有投资中最高的。

Skill

　　客户投资于你的收益率必须有多高？你必须将自己与客户的其他投资选择进行比较。一般来说，为了获利，客户会在自己的业务中进行投资。他们有一个最低预期收益率。作为他们的合作伙伴，你必须为他们提供一个更好的选择，必须保证投资于你的业务更有利可图。或者他们投资于你所需投资金额更小但收益相当或收益更快，或者从你那里获得的收益更高，即使投资金额也相应更高。

3. **你们有共同的竞争对手。**如果你销售产品和服务，把自己定位成客户多个备选推销者之一，你所关心的只是如何打败自己的竞争对手，即其他推销者。而作为一个业务合作伙伴，意味着你必须致力于打败客户的竞争对手。除非你们有共同的目标，否则你们不可能成为合作伙伴。

　　客户的竞争对手就是限制其增长的因素。限制客户增长的因素有两个：一个是客户当前的成本。客户每天都在与成本竞争，要想提高利润，他们必须降低成本（你必须帮助他们）。客户的另一个竞争对象是销售机会，他们每天也为此竞争，试图从他人那里赢得客户。要提高利润，他们必须加强对可盈利市场的渗透（你必须帮助他们）。

　　如果你能在与客户的关系中实现三个转变，那么作为你的合作伙伴，客户也能为你带来增长。

　　首先，你必须把自己从一个产品和服务供应商转变成一个利润供应商，必须把制造业务或服务业务转变成供应利润本身，利润即是产品。

　　其次，你必须从代表成本增加转变为代表持续增值价值。最后，你必须把做生意的基础从以特定价格销售性能价值转变为回报投资的货币价值。不实现这三个转变，你可能永远没有建立伙伴关系的机会。

挑战合作伙伴特权

　　20 世纪，通用公司、福特公司和克莱斯勒（Chrysler）三巨头控制着全球汽车市场，当时汽车是令人艳羡的生意。供应商的销量持续居高不下，在漫长的生产周期，供应商可以对生产成本进行控制，虽说管理层几经更迭，但是供应商与客户关系经久不变。不过，三巨头本身都是高成本供应商，所以与他们做生意的成本就是价格折扣。

供应商的销售策略就是价格谈判。随着这些汽车制造商相对于成本更低、质量更好的竞争对手越来越不占优势，协议价格被法定价格所取代，这要求汽车供应商放弃伙伴特权。通用公司的 PICOS 计划成了汽车行业的准则（Motown law）。

PICOS 指的是通用公司的"供应商利润增长和成本最优化计划"（Program for the Improvement and Cost Optimization of Suppliers，缩写为 PICOS）。该计划恰当地描述了通用公司为降低汽车每一零部件成本而做的持续努力。

---

1. **总体战略**

　　a. 立刻降低价格。

　　b. 让所有供应商长期为我们降价。

　　c. 把供应商分为一级供应商和二级供应商。

　　d. 只有大幅降价（18% 到 40%）并写进固定价格的长期合同中，才把其作为单一货源。

2. **战术总览**

　　a. 在所有业务单位配备符合资质、训练有素、表达力强的采购人员来做这些事。

　　b. 为每一个车型规划供应商大幅降价。

　　c. 向世界各地发出询价单，寻找最低单位价格。

　　d. 制定短期和长期降价目标，要降到很低。

　　e. 在谈判之前要彻底了解你可能选择的供应商及其竞争对手。要让一级供应商与二级供应商互相竞争。

3. **潜在主题**

　　a. 认定并向供应商宣传敌手是日本公司，而不是通用公司。

　　b. 了解每个供应商和通用公司之间的权力平衡。

　　c. 持续关注供应商评级以及供应商理事会会议。

　　d. 夸大增长幅度和未来订单数量作为奖励。

　　e. 与可能选择的供应商尽早着手被称作"成本降低改进"（cost reductions improvements）的降价事宜。

---

4. 在同意成交之前

a. 把长期合同作为最终目标。

b. 制定长期合同规则。

c. 不允许非价格因素，如模具成本和研发成本。

d. 不要理会一切意指供应商的某些成本（即原材料）不可控制的暗示。

e. 把所有的活动集中在迅速大幅降低单位价格上。

5. 协议

a. 锁定短期单位价格。

b. 一点一点地磨掉价格和条款，即使在午夜时分。

c. 总是表现得很匆忙，但实际上不慌不忙。

d. 关键时刻突然同意签订长期合同。

e. 再尽力挤出一些好处。

f. 让供应商签订合同。

6. 管理已选供应商

a. 把供应商介绍给我们公司的商品理事会（commodity councils）以及高级采购产品开发团队。

b. 让每一个供应商的顶级和高级管理层参与进来，以获得中级管理层无法给与的承诺。

c. 要求每个供应商为你提供目前正向我们销售或打算向我们销售的产品的成本利润结构详细信息。

d. 当供应商提出涨价时，不要相信原材料指标就是成本信息，而要获得成本利润信息。

e. 与中低级别供应商人员保持朋友或哥们关系，好让他们给我们透漏成本利润和竞争信息。

f. 预备好间接虚张声势或在压力之下虚张声势。

g. 召开很多紧急会议，要求提供很多信息，让每一个供应商的人员动摇。

h. 为供应商设定新的截止期限，但推迟决定，以增加他们的焦虑感。

在商品化程度和资本密集度较高的许多行业，PICOS 计划很流行。随着使用范围的扩大，它所产生的影响可想而知：供应商的利润第一，其次是研发投资、厂房设备投资、销售力量投资；非核心资产被削减或外包；每项产品涉及的供应商的数量被减少，质量被降低；风险尽可能地被降低。

了解合作伙伴的风险

风险承受能力是一项高度个性化的特点。客户方经理对投资 PIP 的承诺始终是他们对风险的感知与 PIP 潜在利润之间的交换。不管你提出多少美元的利润，客户方经理会因为风险而将其降低。这反映出客户方经理主观上认为这些利润不大可能实现——换句话说，客户方经理对未来的估计是不确定的。

所有的 PIP 都是期货交易。期货收益速度越快，PIP 越有把握。随着投资回收期和回报期限延长，客户方经理预测 PIP 成功概率的难度越大。使得 PIP 得以成功的那些特点也可能使客户的评价更加激烈：

◇ 每一个 PIP 都集中于惟一一个最好的解决方案，排除意外事件；

◇ 每一个 PIP 都集中于惟一一个对客户运营和细分市场销售至关重要的因素，排除其他选择。

PIP 提出的可实现的未来利润与不确定性成本之间的空间被称为"交易空间"。客户将其决策过程中的优柔寡断，成交与否的反复置于此空间。他们是否应当为这些潜在的利润而投资？投资这么多，更多还是更少？现在就投资还是接受这么多的机会成本？接受这么多技术上的不确定性还是接受这么多的市场波动？

根据自己感知的风险把 PIP 的利润调整以后，客户方经理为 PIP 现金流赋予了个性化的货币价值。从这一刻起，PIP 的价值取决于客户方经理认为任何不确定性可能会带来多大损失。客户方经理的计算结果就是 PIP 的可兑现净值。

　　将风险最小化能自动使 PIP 的感知价值增加。为了降低风险（即缩小客户的"交易空间"）以快速结案，你愿意投入多少？

　　你应当明白，即使不加上与你合伙需承担的风险，你客户的业务中已经充满了风险因素。这些因素包括经营业绩不可预测、推出新产品方面存在不确定性、依赖少数目前成功的产品和市场、可能无法管理增长、无法避免合规责任、丧失专利，以及需要资金时可能无法筹集资金等。下面是一家半导体设备制造商关于其风险的陈述，这些陈述同样适用于大多数其他企业。

我们的季度收入和经营业绩无法预测

　　由于某些因素，我们每个季度的收入和经营业绩可能会有很大波动。其中有些因素我们是无法控制的，这些因素包括：

◇ 半导体行业以及设备制造业的经济状况；

◇ 客户的产能要求；

◇ 客户订单大小和下单时间；

◇ 客户订单的取消或我们发货的延迟；

◇ 我们及时开发、推出和推销新产品、优化产品和具有竞争力产品的能力；

◇ 我们的产品或技术面临的法律挑战及技术挑战；

◇ 平均售价和产品组合的改变；

◇ 汇率波动。

　　我们的支出水平部分基于我们对未来收入的预期。如果某季度的收入水平达不到我们的预期，那么我们的经营业绩就会受到影响。

　　而且，因为我们持续合并制造业务，所以任何自然的、物质和物流的事件或中断都可能对我们的财务绩效造成不利影响。

我们依赖少数几家关键供应商

我们从单独一家供应商或有限几家供应商那里获得产品的某些部件和组件。我们与每家关键供应商有一个为期一年的一揽子采购合同，据此我们可以发订单。我们可能定期续签这些合同。至少在过去四年里，这些供应商都曾卖给过我们产品，我们预期将来会续签这些合同，或代之以其他合适的供应商。我们相信我们能够找到提供这些产品的其他商家。然而，长时间无法获得某些部件可能会严重影响我们的经营业绩，对我们的客户关系造成损害。

我们的成功依赖于新产品或新工艺流程，因此我们面临与快速技术变革有关的风险

半导体制造工艺方面的快速技术变革，使我们追赶深亚微米工艺技术的压力加大。我们相信，我们未来的成功部分取决于我们开发、制造和成功推出新产品和产品线的能力，以及继续加强我们现有产品的能力。由于过渡到新产品所固有的风险，在管理旧产品过渡的同时，我们必须准确预测对新产品的需求。如果新产品有可靠性或质量问题，这可能会导致订单减少，生产成本增加，新产品的接受和支付时间延迟，以及服务和保修费用增加。在过去，推出新产品曾引起延误以及一些可靠性和质量问题。我们可能无法成功开发和生产新产品，或者我们推出的产品在市场上可能会失败，这将对我们的经营业绩造成重大不利影响。

我们面临与产品过于集中、缺乏产品收入多样化有关的风险

我们大部分收入来源于少数几个产品，而且在短期内这种情况不会改变。因此，市场能否继续接受我们的主要产品对我们未来的成功至关重要。因此，以下几个因素可能对我们的业务、经营业绩、经济状况以及现金流产生不利影响：

◇ 对我们产品的需求下降；

◇ 我们的产品不能继续被市场接受；

◇ 在我们参与的市场中，竞争对手提供了更好的同类产品；

◇ 我们的产品无法应对技术变革；

◇ 我们无法及时推出优化产品。

我们管理增长潜力、潜在收购的整合以及产品线和技术潜在配置的能力为我们带来了风险

在及时改进财务和业务控制、管理流程、信息系统和程序方面，以及在经历额外增长的情况下扩大培训范围和管理员工方面，我们的管理层可能会面临一些重大挑战。我们无法保证我们能成功地做到这些。将来我们可能还会收购配套的公司、产品或技术，或者减少或淘汰某些与我们长期战略不符的产品线或技术。管理已收购业务或淘汰产品技术会带来众多的运营风险和财务风险，包括吸收已收购业务和新人员或分离现有业务或产品组方面的困难，管理层的注意力转向其他业务问题、收购的无形资产的摊销，以及收购或所淘汰业务的关键员工或客户的潜在损失。我们无法保证我们能够实现并有效管理任何一种增长、潜在收购的整合或产品线或技术的淘汰，也无法保证我们的管理层、我们的员工或系统足以支持业务继续进行。其中任何一种能力的缺乏或不足，都将对我们的业务、经营业绩、财务状况和现金流造成重大不利影响。

侵犯知识产权及其他投诉代价高昂，可能使我们失去继续营业和盈利所需要的重要权利

其他方可能投诉我们侵权、进行不公平竞争等。除此之外，我们时不时会收到其他方的通知，声称我们的产品侵犯了他们的专利或知识产权。在这种情况下，我们的政策是就这些投诉为自己辩护，或者与他们进行谈判，以合理的商业条款获得许可。然而，将来我们可能无法通过谈判以合理的商业条款获得许可，或者根本就无法获得许可。而且其他方投诉导致的任何诉讼，都可能对我们的业务和财务业绩造成重大不利影响。

我们可能无法保护我们的专有技术权，这可能会影响我们的业务

我们的成功在一定程度上取决于我们的专有技术。虽然我们试图通过专利、版权、商业秘密来保护我们的专有技术，但我们认为，我们的成功依赖于提高技术专长、继续开发新系统、提高市场渗透力、增加用户基数，以及为客户提供全面支持和服务。然而，在有些情况下，我们可能无法保护我们的技术，或者我们的竞争对手可能会独立开发类似的或更具有竞争力的技术。对于美国或外国政府授予我们的专利，其他方可能会质疑、或规避、或试图证明其无效。或者这些国家的政府可能无法发出未决申请。此外，这些专利或未决申请给予我们的权利可能低于我们的预期，或者无法给我们带来任何竞争优势。

第 5 章
如何制定合作伙伴结盟策略

顾问式销售者的职责有三：带来销量，带回能促成销售的客户信息，与高层决策者结盟。

有时一次销售能促成结盟，而更多的时候，结盟能促成销售。

与关键客户的结盟必须建立在四个层面上，其中三个层面都是高级管理层：高层经理、财务经理和运营经理。第四个层面是采购层，在这一层面，传统的对抗关系必须转化成更适合合伙的盟友关系。

不论在哪个层次，与关键客户结盟的目标都是相似的。其首要目标是确保客户的连续性。除非关键客户关系是连续的，否则无法把关键客户代表的利润机会最大化。除非你能保住你的关键客户，否则一切都是空谈。

建立互利联盟

下列三个方法能帮助你建立长久的联盟。

Skill

1. 合作（Collaborate）。就关键客户来说，每一笔销售都需要由两个人来完成。一个未与客户结盟的顾问式销售者无法在客户公司内销售。因为没有销售对象，没有销售伙伴，也没有帮手。对于顾问销售者及其合作者来说，他们必须有同样的奉献精神，做出同样的承诺，并且抱有同样的信念，那就是销售能为双方带来真正的价值。每一笔销售最终达成时，都无法确定是谁促成的。真正的合作就应该如此：重要的是销售，而不是销售者。

Skill

2. **学习（Educate）**。要想使你们的关系持续，你和关键客户要做的不应当只是买与卖。在创造新利润的同时，你们还应当为双方协助销售提案的人员提供新信息。从你们的合作关系中，你们双方不仅都要赚到钱，而且还都要学到知识。专业成长和个人成长应当伴随利润的增长。

3. **协商（Negotiate）**。合作双方互相学习的主要内容是如何提高利润。这需要双方反复多次对话。双方的交流必须畅通无阻。理想的合作环境是，有很多选择，少有消极思维、奚落嘲讽、主观评论，或者对任何"非本地创造（not inrented here）"事物的抵御。自由、宽松、互让的关系能使你和客户避免错失重要机会，也能使你通过解决客户最为关心的问题，从中大赚一笔。

与高层管理者结盟

作为一名顾问式销售者，你可以接触到客户组织中所有"首席级"人物，包括通常也是公司总裁的首席运营官（Chief Operating Officer，缩写为COO），以及首席财务官（Chief Financial Officer，缩写为CFO）。如果向一家大型客户公司的一个部门或一个子公司销售，那么你最重要的盟友也许就是其首席运营官和首席财务官。如果你向公司的几个部门或者向公司管理层本身销售，那么你既需要与位于公司最高层的首席执行官（Chief Executive Office，简称CEO）结盟，也需要与部门高层结盟。

与中层管理者结盟

大多数情况下，你将与成本中心和业务线利润中心的中层管理者结盟。

在利润中心层面，你将与两种类型的业务经理结盟：一种是经营利润业务（margin businesses）的经理，另一种是经营周转业务（turnover businesses）的经理。每一种类型都要求不同的结盟策略。与此同时，你还将与那些为业务线提供服务、支持和物资的成本中心经理结盟。

1. **与利润业务经理结盟**。利润业务靠每单位销售的高利润赚钱。大多数利润业务是品牌业务，规模较小，服务**利基市场**（niche

> 利基是英文名词"Niche"的音译，Niche来源于法语。利基市场是指企业选定一个很小的产品或服务领域，集中力量进入并成为领先者，从当地市场到全国再到全球，同时建立各种壁垒，逐渐形成持久的竞争优势。
> ——译者注

markets)。就利润业务而言，销售量的少量增长就可能使利润大幅增长。向利润业务经理提出 PIP 时，你应该提出提高他们的销售收入，同时不增加其可变成本，或者提出降低其可变成本，同时不对其收入产生不利影响。

2. **与周转业务经理结盟**。周转业务靠高销量赚钱。大多数周转业务都是商品业务，规模较大，服务大众市场。就周转业务而言，必须大幅提高销量才能使利润大幅增长。向周转业务经理提出 PIP 时，你应该提出提高其销售收入，同时保持其所需运营资金不变，甚至是减少其所需运营资金。或者你可以提出在不降低其收入的前提下，减少其所需运营资金。减少所需运营资金，可以通过降低当前可变成本，或者通过租赁、外包资产而不是购买资产来消除某些可变成本。

   缩短周转业务的周转时间（如投入市场时间或完成订单时间）是提高业务经理绩效的最具成本效益的策略。通过加快周转速度，你可以提高发货和计费商品数量。这样你无需提高收取应收账款速度来增加销售量，就能使现金流加速。缩短订单完成时间还能降低营运资产（working assets）占用资金数量，从而降低存货成本。缩短收取应收账款的时间能进一步减少营运资产占用资金。你缩短的每一个运营周期都会降低业务经理单位劳动力与原料成本，从而提高其生产率。

3. **与成本中心经理结盟**。成本中心经理致力于通过行业最佳实践、全面质量管理（Total Quality Management，缩写为 TQM）、持续创新和即时（just-in-time，缩写为 JIT）库存，以最具成本效益的方式来管理一项运营。对于研发、制造、工程、市场、信息系统以及人力资源部门的成本中心经理来说，他们为削减成本所做的贡献始终是评判他们的标准。因此，工作流（work flows）和周转时间（cycle times）成为他们的两项关键绩效指标；浪费的材料、浪费的时间和浪费的金钱始终是他们着力改进的对象。

　　运用顾问式销售策略来降低客户成本的机会，与客户向其梦寐以求的零成本目标不断努力的需求成比例增长。虽然可变成本始终是 PIP 的首选目标，但是在波音公司以及其他许多资本密集型企业，"不管是固定成本还是非固定成本，我们把每一个成本都当成可变成本来挑战它们。"

　　作为波音公司的首席执行官，菲利普·康迪特（Philip Condit）将成本控制与经理的关键绩效指标挂钩。计算一个单位的经济收益时，要扣除其存货成本。"我们所有的奖金和奖励计划都基于这样算出来的经济收益。"波音公司供应商的所有 PIP 也应当这样做。

区分合作伙伴与非合作伙伴

　　每个决策者都可看作是一个分数，分数的分母是相同的，即共同的需求和愿望；而分子则比较特别，由个体差异决定。要想渗透客户组织，你必须分析决策者有什么共性和个性。回答以下两个问题有助于你的分析："我能与哪个决策者成为合作伙伴？""哪个决策者我不容易成为合作伙伴？"

　　有六种类型的决策者与你成为合作伙伴的可能性比较大。表 5-1 总结了他们的主要特征及其最可能使用的谈判模式。

表 5-1　容易成为合作伙伴的决策者

经理类型	特点	谈判模式
官僚主义者	理性，有条理，客观，自律，羡慕办公室权力和特权，深谙组织政策	依照规则办事，强调服从，关注任务甚于关注人，逻辑性强（但可能吹毛求疵）；属于可预测的谈判手

经理类型	特点	谈判模式
狂热者	独行侠，急躁，心直口快，令官僚主义者生厌，对他人不敏感，缺乏政治技能	忠诚于组织利益，咄咄逼人、专横跋扈的谈判者；生硬、直接；一切以任务为重
执行者	有权威但不专横；爱指导但给予自由；喜欢协商但不参与；善于揣度人，但只与人在表面接触；待人亲切，但与人保持距离	以组织为重；高度关注任务；坚定自信的谈判手；机智灵活
综合者	主张平等，愿意提供帮助，喜欢参与，具有良好的交际技能；天生的团队建造者，有感染力，能把相互冲突的价值观统一起来	分享领导权；允许自由决策，下放权力；欢迎不同想法；坦率、诚实、寻求双赢关系的谈判者
比拼者	行动迅速，灵活，向上，客观，爱冒险；坚信获胜就是一切；富有创新精神；投机取巧但合乎道德；公平竞争，但不白送任何东西	想赢每一次谈判；喜欢不同想法之间的较量；耍各种手腕谋取位置，工于心计；精明，熟练，不好对付的谈判者；可以达成双赢的战略家
独断专行者	家长作风，盛气凌人，排斥外来新观点，不喜欢协商，不爱参与，但符合自己提出的条件可以结伙	从情感上笼络人；以权威地位来控制；声明政策；谈判时会针锋相对的精明商人

　　还有六种类型的决策者，他们与你合作的可能性不大。表5-2总结了他们的主要特征以及他们可能使用的谈判模式。

表5-2　不容易成为合作伙伴的决策者

经理类型	特点	谈判模式
权术者	自我导向，精明，狡猾，善于洞察他人弱点，投机取巧，老于世故，有吸引力；可能瞬间由合作转为进攻	剥削者；只为一己私利而合作；完全没有人情味的谈判者，对他人诉求无动于衷；以尽可能低的代价赢得谈判，但也会不惜一切赢得谈判
传教士	善于缓解冲突；能融汇不同想法；一定要人们喜欢，把接受看作和谐；非常主观，非常个人化	寻求妥协，对不同想法能和稀泥，去大异，存小同；谈判时感情用事，个人喜好左右谈判结果
剥削者	傲慢，自私自利的态度，高压，专横跋扈，刚愎自用，心怀偏见，利用他人弱点，仓促决定，不被证据动摇	对谈判施加挤压性个人控制；凭借压力和畏惧为所欲为，使他人处于弱势；要求恭顺；把他人看做需要克服的障碍
野心家	努力、强劲和优雅的举止掩盖攻击性；投机取巧，对他人不忠，随波逐流	出色的政治家；用自我推进的变化来引起对自己的关注；始终超前思维；自私自利的谈判手，总是考虑对自己有什么好处
保守者	维护现状，抗拒改变，赞成渐进性改善；熟练运用制度来维护个人地位和特权	将自身要求间接施加于对方；拖累谈判过程中一切进度；宣扬传统价值观；在实施之前，防御性地阻挠创新，破坏协议
虚情假意者	表面上欢迎新想法，但实际上不会采纳；热情洋溢；擅长社交、政治上圆滑；有超强的生存本能	对任何事都过度反应、过度热情，但很少被感动；承诺支持却不履行；只赞同肯定能为自己带来利益的事情；从不冒险

顾问式销售能够实现可持续的商业关系。只要顾问式销售者还在提高客户方经理的利润贡献，那么他们就能继续作为"利润合作伙伴"为彼此带来增长。

顾问式销售者不进行销售拜访。他们实施利润项目，使利润贡献接连不断，这样他们最初的销售成本被无穷摊销。顾问式销售者也不通过有限零星的约定进行交易。相反，他们与客户成为永久的合作伙伴。只要客户方经理们有业务线或业务部门需要管理，他们的利润贡献就可以得到提高。因此，他们的关键绩效指标总是被定的更高，更不容易实现。

保证零风险

虽然成本收益分析中所用的算术非常精确，但其中只有一个确凿的数字，也就是说只有一个数字百分之百地准确，这个数字就是客户的现金流出，也是客户开出支票的数额。顾问式销售者拿到钱以后，随着他为客户提供并应用其技术，现金就会流回客户预算。然而，与现金流出不同的是，所有与现金流入相关的客户收益数字都是不确定的。

成本是确定的，而收益只是可能。确定的成本和不确定的收益加起来使价值变得不确定。为了证明价值，成本和收益必须达到平衡。一旦收益得到保证，成本和收益就达到了平衡。这样，收益就变成了确凿数字，成本收益分析计算出的现金流也就达到了平衡，一定的投资在一定时间内的一定的收益率就得以确保。

顾问式销售者的保证本身也有另一组确切数字来确保，即销售者的基准值。这些基准值使得销售者的保证变得可信，就像销售者的保证使得客户的收益变得可信一样。

收益保证就是客户零风险的保证。对顾问式销售者来说，基准值起着类似的作用。通过把销售者向客户作保证的风险降至接近零，这些基准值让顾问式销售者有了一种安全感。对合伙双方来说，PIP 的确定性问题就得到了解决，这样他们就可以专注于实现 PIP 的数量和时间指标。

　　风险最能破坏交易了。不管客户方经理多么迫切地想实现一个
KPI，风险的不确定性都会使其止步不前。他不必极端厌恶风险，只
要有普通的风险意识，他就可能这么做。

　　客户方经理举目一望，到处都是风险：销售者的解决方案可能不像
提案中说的那样有效；客户的投资可能无法收回，更别说产生收益了；
客户讨价还价得来的竞争优势，结果可能变成劣势；错过一个增长周期
带来的机会成本可能无法承受，留给他一代产品甚至是几代产品最糟糕
的业务实践。到了预算时间，客户方经理可能需要排到最后一名申请资
金，前提是还有可用资金，而且他也在被考虑之列。客户惟一能接受的
风险是零风险。作为结案依据，一个"不会亏损"的价值主张比一个双
赢提案更有吸引力。虽然双赢对伙伴关系至关重要，但客户方经理的亏
损意味着伙伴关系的结束。使得客户不可能亏损的合伙策略就是至少保
证客户的投资回收期，至多保证提案中承诺的客户投资收益。

　　保证零成本就是向客户保证，即使不能带来以正向回报为形式的
利息，其投资本金也能收回。一旦投资被收回，风险就降为零。风险
为零的情况下，销售者的价值主张就没有缺陷。如果客户问："我能
有多大把握？"答案是 100% 的把握。

　　有 100% 把握的投资可能产生的惟一成本就是不进行投资的机会
成本。让一个机会花钱而不是挣钱，这样一个客户方经理是在自寻风
险（而不是消除风险），让自己无法实现 KPI。

　　把不确定性变成确定性光靠销售者口头上说"相信我"是不够
的。做保证需要有证据。销售者的基准值就证明他曾无数次按时按量
为客户提供他所承诺的价值。

　　作为确定性的保证，基准值的价值不可估量。通过把每一个 PIP
提案置于基准值绩效标准范围之内，顾问式销售者就能使客户确信基
准值的价值可以复制。只要提案的价值介于基准值的最高值与最低值
之间，客户投资的风险以及销售者保证收益的风险就降至接近零——
换句话说，接近零风险。

　　一旦客户收益能够得到保证，销售者就能稳操胜券。其价值主张
就会变成商业票据，马上就能交易，随时可以投入客户运营。而最为
理想的结果是销售者将其投入后续 PIP 中。

谈到是否能确保客户成果，人们首先想到的是销售者方面的不利因素，但是这些不利因素严重不到哪里去。销售者可能出现的问题充其量就是客户的实际成果与销售者承诺的投资回收期或收益之间出现差距。基准值范围内的差距风险很小。如果出现这种差距，可以把它们看成是利润缩水或销售成本增加。为了快速结案，享受该投资的时间价值，付出这些小的代价也是值得的。在大多数情况下，投资基于价值的高利润会弥补这些差额。

乍一想，确保投资回收期的风险似乎比确保收益超过支出的风险要小。这是可以接受的惯常思维，但仅此而已。事实上根本没有投资回收这回事。客户一年后收回的一美元不再值当初的100美分，时间会使其价值贬值。除了时间成本，客户还要承担机会成本，即可能失去将资金用于能够带来增值的投资机会之成本。

无论是承诺投资回收还是承诺投资收益，销售者的保证为客户的结果设了底限，也就是说客户的结果不能比这更差。这能使客户始终明白自己的最低收益。对于销售者来说，给客户的保证一方面能使客户很痛快地同意进行高利润投资。另一方面，由于客户的风险为零，最低收益有了保障，所以销售者就可以要求不对伙伴双方的收益设上限。这样，销售者和客户收益共享之门就被打开。如此一来，客户的收益和销售者分享的收益就没有了限制，惟一的限制就是他们成绩的优异程度。

衡量结果与建立数据库

衡量结果能证明合作关系。按照时间表一步步监测利润项目在多大程度上遵循其价值主张，能够证明伙伴关系名符其实。以下三个度量方法对于衡量进展至关重要。

Question

1. 利润项目是否能按计划实现提案中承诺的那么多价值？
2. 利润项目是否能在提案中承诺的时间内提供那么多价值？
3. 利润项目是否能实现提案中承诺的投资收益率？

利润增长多少和增长快慢是 PIP 的两个基准。衡量投资回收率也很重要，原因有二：首先，它使合作双方确信，为获得预期收益，客户投资是在智力资本和技术资本间按比例分配；其次，它让合作双方监测投资的资金消耗率，以确保在实现项目结果之前资金不会耗竭。

在项目初期，应当每个月对项目监测两次。这能使合作双方感觉项目的进展，也能使他们把任何偏差消灭在萌芽状态。间隔很短时间监测新项目，基于两个原则：其一是不成功的项目一开始就会有不好的迹象；其二是事先预防胜于事后补救。

三个月以后，按计划进行的项目可以每个月监测一次，连续监测六个月。此后，每季度监测一次就可以了，因为到那时已经增长的利润就能说明问题了。

度量结果回答了利润项目合作伙伴的问题"我们现在到了哪一步？"数据库为回答这一问题提供了参照，使他们在任何时候都能将其当前的结果与其长期的业绩记录进行对比，了解自己是否属于行业最佳实践。

合作伙伴需要建立两种类型的数据库。第一种是已经结案的 PIP，可以把它们作为未来 PIP 的参照。第二种是基准值数据库。没有基准值，就无法持续提出 PIP。快速结案依赖于基准值证明每一个 PIP 承诺的合理性。基准值数据库最终会被一次次证明是合作伙伴双方最宝贵的资源。

表 5-3 和表 5-4 分别是 PIP 数据库和基准值数据库内容范例。

表 5-3　PIP 数据库内容范例

可按以下条目查阅的已结案 PIP：
1. 标准行业分类代码（SIC-Code）所指行业
1.1 最小三位数分类
1.2 四位数分类
2. 每个行业中的客户
3. 每个客户的业务线和业务部门
3.1 业务线（利润中心）
3.1.1 已销售的产品和服务

（续表）

3.1.2 已向其销售产品或服务的客户或委托人市场

3.1.3 业务线经理头衔

3.2 业务部门（成本中心）

3.2.1 流程或运营

3.2.2 业务部门经理头衔

4. 诊断问题或机会

4.1 问题或机会陈述

4.2 货币化的直接成本或机会成本

5. 提出的解决方案

5.1 提案预期能降低的成本或提高的收入的数量及快慢

5.2 将应用的解决方案系统

6. 每个客户的销售代表

6.1 姓名

6.2 部门/分支

6.3 地区

7. 每个销售代表的销售经理

7.1 姓名

7.2 部门/分支

7.3 地区

表 5-4 基准值数据库内容范例

可按以下条目查阅的已实施 PIP 的结果：

1. 标准行业分类代码（SIC-Code）所指行业

1.1 最小三位数分类

1.2 四位数分类

（和 PIP 数据库中一样）

2. 为每条业务线或每个业务部门设计的解决方案

2.1 应用解决方案前以下两方面的基线

2.1.1 业务线收入基线以及获得收入的成本基线

2.1.2 业务部门成本基线

（续表）

2.2 应用解决方案后以下几个方面的增量改进
2.2.1 业务线的收入贡献以及获得收入的成本
2.2.2 业务部门成本基线以及获得收入的成本
2.2.3 业务部门的成本
2.2.4PIP 商业周期内增加的总收益的净现值
2.3 应用解决方案后客户/委托人提高的利润
2.4 客户/委托人为获得解决方案所进行的投资
2.5 收回投资所需月数或年数
3. 与行业均值相比
3.1 应用解决方案后，业务线利润收入贡献的基准值与竞争性业务线行业均值之差
3.2 应用解决方案后，业务部门成本的基准值与竞争性业务部门成本行业均值之差
4. 关键绩效指标（KPI）
4.1 销售代表的关键绩效指标
4.1.1 （每个已结案 PIP 的）销售周期和销售成本
4.1.2 收入与投资比以及利润与投资比
4.1.3 已结案的 PIP 与提出的 PIP 个数之比
4.1.4 已结案的 PIP 之间的平均时间间隔（迁移速度）
4.1.5 每个 PIP 的平均货币价值和平均利润空间
4.1.6 提高的收入或降低的成本的平均货币价值
4.2 销售经理的关键绩效指标
4.2.1 以上（4.1）所有指标的基准值
4.2.2 PIP 的生产率（已结案的 PIP 的总货币价值÷提出 PIP 的销售者人数）
4.2.3 PIP 过程管理（已结案 PIP 的实际总货币价值或利润值与配额之比）

第 6 章
如何确保合作伙伴的回报

在顾问式销售中，你和你的支持人员是基本的合作代表。你们一起为每一个客户组成一个利润增长团队。作为顾问，你是这个团队的领导者。你将与那些你能降低其成本的客户业务部门经理以及那些你将提高其销售量的业务线经理结成合作伙伴。你所需要的最低限度的资源以及它们与你的关系如图 6-1 所示。

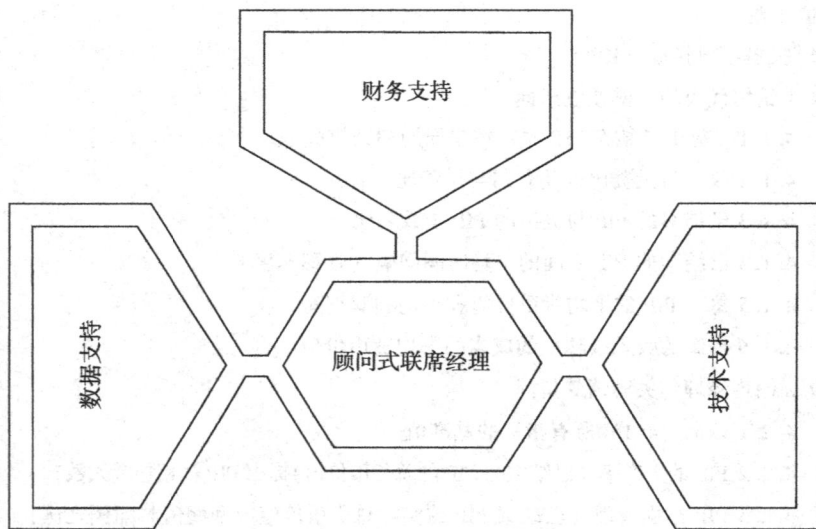

图 6-1　供应商的利润增长团队

在本公司内部你至少需要三种类型的支持：财务支持、数据支持和技术支持。支持团队的所有成员都将扮演两种角色。对内，他们在你准备、展示和实施 PIP 过程中为你提供指导与咨询。对外，他们将与客户企业的相关人员结成合作伙伴——财务对财务、数据对数据、技术对技术。

作为顾问，你需要做的第一件事就是分别为每一个客户组建你的利润增长团队。你需要做的第二件事就是与你的客户协商组成伙伴团队，这个团队由客户内部的人力资源构成。如图6-1所示，你的角色就是"顾问式联席经理"。这将使你成为负责你自己团队的那个合伙人。这样，你既当运动员又当教练，既当经理又负责一项具体工作，负责为每个利润项目制定目标以及实现目标的最具成本效益的策略。如图6-2所示，在客户公司与你对接的是业务线经理和业务部门经理。

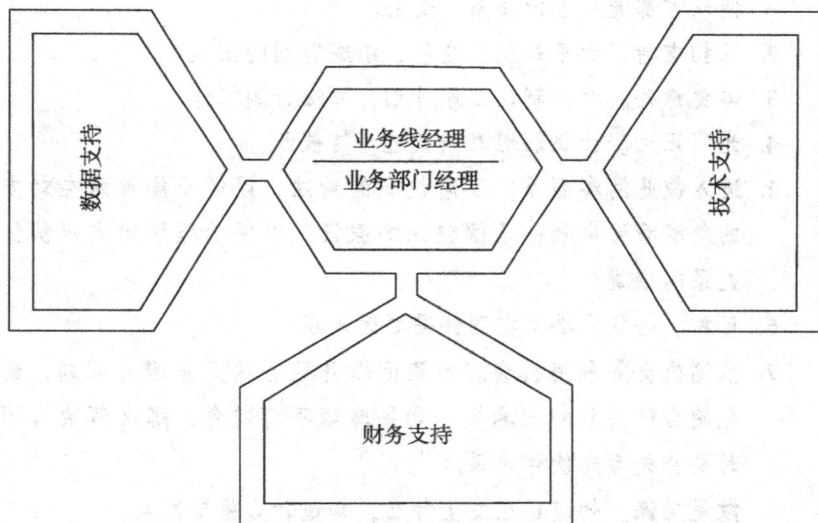

图6-2 客户利润增长团队

基于共性的伙伴关系

所有的伙伴关系都建立在以下几个共同点之上。

◇ **合伙双方有一个共同的目标。**每一个合作伙伴都希望提高利润。
◇ **合伙双方有实现目标的共同策略。**他们的方法基于相互间的需求探寻和需求满足。在这两种情况下，需求都是通过协商达成的。
◇ **合伙双方面临共同的风险。**每一个合作伙伴都将得到或失去某个有价值的东西。

◇ 合伙双方对伙伴关系之外的所有人有共同的**防御措施**。合伙双方是平等的。伙伴关系之外的人应被视作从"较不平等"到"竞争对手"不等的角色。

合作协商策略使合伙双方能平等对待彼此。这是伙伴关系的主要原则。下面是有利于伙伴关系的十条原则。

1. **为彼此增加价值**。相互指导提高个人成就和专业效率的方法，使双方都能从合伙关系中受益。
2. **互相支持**。而不是互相竞争，组成坚固的团队。
3. **避免意外**。共同制订工作计划，并按计划工作。
4. **光明正大**。让我们坦率诚实地对待彼此。
5. **进入彼此的参照系**。了解彼此的看法，以便于能够站在对方的角度看待事物；了解彼此的假设，以便于理解对方对伙伴关系的期望。
6. **可靠**。合伙人必须在同伴需要时出现。
7. **预测机会并利用机会**。预测问题并让合伙关系避开问题，避免使合伙关系陷入麻烦。如果麻烦不可避免，那么解决麻烦时要首先考虑伙伴关系。
8. **做足功课**。知道正在发生什么，知道什么将要发生。
9. **把彼此当作有情有义的人，而不仅仅是当作工作人员来对待**。乐于为他人提供额外的照顾，从而使伙伴关系不仅强大，而且人性化。
10. **享受这种关系并让它变得更加令人愉快**。合伙双方都更愿意以这种关系，而不是任何其他关系开展工作，因为对他们任何一个人来说，这是从未有过的最有益的关系。

你必须与之建立伙伴关系的客户决策者有多重动机。他们很少仅仅根据其中一个动机来行事。地位、金钱、自主权和自我实现都会推动他们行事。在他们所有的动机中，有三个动机可能最为重要：权力、成就感和归属感。

客户需求

图 6-3 按比例显示了客户三个方面的需求，它们与图 6-4 中顾问的需求形成了对比，主要区别在于自我实现收入和精神收入的相对重要性。就顾问来说，自我实现总是高于权力、声望和晋升带来的精神回报。然而，就客户来说，你可以看到权力和晋升（代表客户可以实现的目标）比自我实现更重要。谈判时，牢记权力和晋升对客户的重要性，能让你谨记客户看问题的视角。这也能使你透过客户的视角相当准确地看到你自己的角色：帮助客户提高权力收入，并使金钱收入最大化。

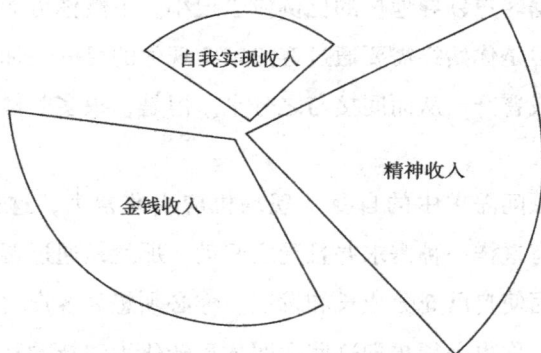

图 6-3　客户需求

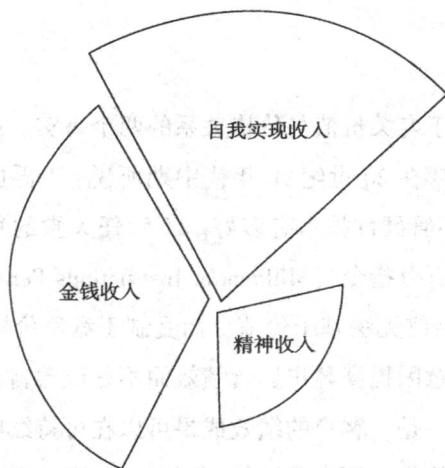

图 6-4　顾问需求

顾问需求

顾问需求有三个方面。每一个方面代表一种收入：金钱收入；精神收入，代表权力、声望和晋升等带来的回报；自我实现收入，包括自我满足、能力才干以及潜能的实现。

每个顾问的动机中都包含这些需求。但这些需求因顾问的不同而有很大变化。要想有效进行协商，你的需求必须与图 6-4 中的比例差不多：你的金钱动机应该很强，但是你用其获得权力，尤其是支配解决方案或占据客户领导地位的比例应当很小。虽然你可能喜欢拥有很高的声望，但是你始终需要通过客户来实现你的目的。你可以帮助客户获得权力或晋升，从而间接与之分享。但是，很多时候你应该默默无闻地工作。

另外，顾问需求中的自我实现动机应当非常大，这是成功的关键。你必须有这样一种需求并且受之驱动，那就是通过帮助客户成长和发展，从而使自己充分成长和发展。你必须想为客户贡献自己所有的聪明才智；你也必须想把这些聪明才智转化为独特的利润项目，而且不让任何人知道这些项目起源于你。

收益分享

收益分享源于有关价值与价格关系的两个事实。第一个，正如任天堂前总裁山内溥在 20 世纪 90 年代中期所说，"再也无法在硬件上收取高价了"，不管硬件技术有多好。不管任天堂的每一代新产品每秒钟多传输多少百万指令（Millions of Instructions Per Second，缩写为MIPS），其价格始终无法基于价值，而受制于竞争价格。

销售者更愿意因提高客户运营绩效而不是改善自己产品性能而获得回报，原因之一是，客户的绩效成果可以在可持续的基础上表现出差异性，进而品牌化；而产品性能不可避免地要被商品化。

提高客户绩效的最佳实践不仅是可持续的，而且是可以扩展的。

如果顾问式销售者能够提出一个利润增长项目，使客户能够赚取或节省数百万美元，那么任何价格都不能与其价值相比。客户的总投资收益率将达到三位数或四位数，甚至是无穷大。无穷大的投资收益率是一个可靠的信号，说明销售者给产品的定价远远低于其价值，因而把大量的利益都放弃了。

在这种情况下，合伙双方不再假装能够根据价值来定价，而会以收益分享代替价格。

按照收益分享的原则，给销售者的报酬是销售者的解决方案应用于客户运营所带来的毛收入增量或成本节约增量的某一百分比，这一百分比经协商而定。

收益分享对合作双方都有利。对客户的好处是销售者为了自身利益，会将其为客户带来的增量价值最大化，从而使自己获得的收益最大化。对销售者的好处是，他们拥有了无限的机会来分享他们为之做出了贡献的财富。

价格是一次性事件，而收益分享是一个升值过程。如果一个销售者完成了一笔价值 170 万美元的交易，价格中包含 20% 的利润，那么他所赚的钱就是一次性的固定数 34 万美元。而根据一个有效期为三年的收益分享协议，分享的收益为总收入带来的 600 万美元价值增量的 7.5%，这样销售者每年能挣 45 万美元，三年一共能挣 135 万美元。

收益分享协议中应该将增加后的可分享总收入与客户目前的总收入进行对比。如果可分享收入总额为 1.5 亿美元，而客户目前的总收入是 1 亿美元，那么销售者增加的增量价值就是 0.5 亿美元。这就为收益分享制定了两个标准：增加的收益中有多少属于销售者，这将持续多长时间。

如果增加的价值是 15% 的增量，那么销售者可以分得这 15% 的 10%，其余的 90% 留给客户。如果增加的价值是 25%，那么销售者所占的比例要小一些。

在进行收益分享时，顾问式销售者将扮演共同管理客户的一部分运营资产的角色，这样他就成了资产联席经理（asset comanager）。销售者分得的收益可以看成是客户因使用其在技术上投入的智力资本而支付给他的专家费。而客户分享的收益是因为销售者使用其厂房设备赚钱而支付给他的租金。

这些看待收益分享的方式都承认客户运营是所有价值的来源。在销售者将其技术与客户运营结合起来之前，技术只能带来成本，不能带来任何利润。因为只有客户创造价值，所以客户理应分享大部分收益。

作为一家客户公司，波音公司的工厂既为波音公司也为其供应商生产价值。作为一个收益分享者，波音公司寻求"能与我们一起创造最多新财富的供应商，通过分享收益与他们结为伙伴。"

对波音公司来说，走到收益分享这一步经历了三个阶段。在第一个阶段，波音公司要求招标，以"寻找出价最低的供应商，并监督他们，防止他们把事情搞糟。"在第二阶段，波音公司试图"寻找能够提供最好的产品并使其成为工艺流程一部分的供应商"。到第三次，波音公司才做对了。他们从价格转向产品，最终转向分享新财富的价值。

在收益分享协议期内，客户经历了一个学习过程。他们自己学会了如何应用供应商的技术来实现销售者提出的结果。销售者最初的应用变成了"他的应用"和"他们的应用"的混合物。一开始收益贡献100%来自销售者，而现在这个比例在逐渐下降。随着这一比例下降，销售者要求分享最初收益比例和持续时间的理由就不充分了。这时需要重新增加价值。

实行收益分享的顾问式销售者必须计划好后续增值项目的时间，以确保在客户开始越来越少地把收益增长归功于销售者之前，这些后续项目始终能及时跟上。在分享收益之前，销售者应当与客户就诸如以下相对贡献的可能性达成一致：

客户做到自给自足需要6个月的可能性是10%，需要18个月的可能性是 90%，需要 24 个月的可能性是 100%。

像这样的概率能够使合作双方做好准备，就 12 至 24 个月的收益分享期限达成一致，收益分享依据销售者初始的价值主张。尤其对销售者来说，他可以提醒自己最晚到 18 个月的时候就应当启动新的增值项目。

执着于控制

中层管理者都执着于控制（control）。每一个经理都知道成本必须控制，销售也必须控制，因为供不应求会给生产、库存和分销带来巨大压力，就像需求太少也会给这些部门带来巨大压力一样。如果发货失去控制，经理就会陷入麻烦。失控的废品率、平均停机间隔时间、保修期内的维修和更换，或偏离计划的市场份额，这些都是将超出预算、偏离计划的不祥征兆。这将引起中层管理者的注意。

在大多数客户公司，偏离计划就需要公司高管进行"例外管理"——运用监管的惯例和程序来纠正例外情况，或者使中层管理者重新步入正轨，或者再找一个不会出现例外情况的新经理。公司高管的理念常常是这样的："当经理们偏离计划时，我请他们吃午饭。但不管是谁，我不会第二次请他吃午饭。"

"在掌控中"是指经理在预算、时间、如期实现 KPI 指标方面都遵照计划，这样公司高管的投资可以在截止期或之前收回，经理的投资回报也能达到预期的收益率。顾问式销售者的中层管理者合作伙伴就是这样创造优秀管理者业绩记录的。作为优秀管理者，他们会再次受到青睐来管理下一轮投资。而你也将再次受到青睐，成为他们的合作伙伴，再次共同成功。团结在一起，你们将是一个可靠的团队。

"雾件"是从英语单词"vaporware"直译过来的，意思是指某项产品或技术，在面世之前大肆炒作而备受关注和期待，可是实际上却一拖再拖只闻其声不见其影，在市面上始终无法买到，像雾一样，看得到却摸不着。

——译者注

所有的业务都基于可靠性。无论是针对员工、产品、服务、运营方式还是客户满意度方面的名声，客户更看重可靠性，而不是其他任何特质。失去控制就是不可靠，这意味着你和合作伙伴提出的利润贡献不再**"算数"**。你应该从字面上理解这个词，"算数"是对你的价值的定量衡量，它清楚地告诉你，你和合作伙伴必须如期产出新利润。否则你和你的合作伙伴都会被淘汰。

创建靠得住的 PIP 是你至高无上的任务，这是合作伙伴关系定位的基础。没有可靠的 PIP，你拥有的只是计算机行业所谓的**"雾件"**（vaporware）和食品行业所谓的**"空热量"**（empty calories）。没有效果的承诺，实质上就是不可靠。

要想成为中层管理者可以接受的合作伙伴，你必须像他们一样执着于控制。从顾问式销售角度来看，控制意味着两件事：控制客户成本，以帮助其保持低成本生产；控制客户收入流，以帮助其保持高利润率或高市场份额。要想被一个大客户所接纳，与之建立合作伙伴关系，只有一个令人信服的条件：相比任何其他可能与客户建立伙伴关系的人，你是否能为客户带来更多的钱？

如果你是一个合格的合作伙伴，你就能控制你将影响的客户业务部门和业务线的成本、收入和收益贡献。他们就会把你看作是一个指定供应商或其运营设施的联席经理，从而把控制这些贡献的责任交给你。作为他们的合作伙伴，他们会指望你按时做出利润贡献。

"空热量"是从英语单词"empty calories"直译过来的，指食物含有高热量，但只含少量或缺乏基本维生素、矿物质和蛋白质。

——译者注

按照你给客户的提案来控制你的贡献，你就能控制与客户做生意的连续性。如果你的贡献速度减慢或不稳定，你们的伙伴关系就会陷入麻烦。每一次你按提案做出贡献，你就会赢得再次提案的权利。如果失去稳妥地提高客户利润的能力，你就会失去客户。

那么你真正能控制的是什么？不是客户，也不是客户的业务，而是你为其所做的贡献。

客户失去控制是因为 PIP 管理流程失控。通过对 PIP 进行管理，用计分卡记录你为客户方合作伙伴增加价值的绩效，你就能随时了解你对客户的控制情况。

◇ 为每一个运营经理的（KPIs）增加的平均货币价值和平均增
   长百分比是否在逐年提高？

◇ 利润中心的合作伙伴是否能持续扩大市场份额和利润？

◇ 成本中心的合作伙伴是否能持续降低成本？

◇ 每一个合作伙伴的投资收益率是否持续升高？

◇ 每一个合作伙伴的投资回收期和回报期是否在持续缩短？

CONSULTATIVE SELLING™

The Hanan Formula for High-Margin Sales at High Levels（Eighth Edition）

第2部分

顾问式提案策略

PIP就是原来的价值主张（value proposition）。为了使推销式销售者变成顾问式销售者，提案过程必须从基于价格和产品规格的被动回应式投标转变为主动提供提高经理绩效财务指标这一价值。

PIP由客户企业内部拨款申请改编而来。通过提出使客户获得甚至超过所申请资金数额的收益（如投入的每1美元资金获得1 - 5美元的收益），PIP使作为局外人的顾问式销售者具备了局内人争取资金的工具。

一个结案的PIP就是一笔应收账款。它提出了客户的正现金流（现金流入超过现金流出）机会。它赋予现金流入以货币价值，同时也量化其时间价值，认识到时间就是金钱。通过对比客户获得的现金流入和其用于投资的现金流出，它阐明客户面临的机会。最终的投资收益率能够证明顾问式销售者为了使客户的每一分钱生出更多的钱而付出了多少努力。

PIP是货币单位的参数表（spec sheets）。它们说明应用销售者的技术能为客户运营增加多少钱，需要多长时间。PIP销售产品，但这一产品是金钱。

第 7 章
如何鉴定客户问题

顾问式销售产生的高利润是作为你为你所影响的客户运营增加了大量价值而给予你的回报。你越是了解客户运营，越善于以更具成本效益的方式运用你提案中的知识，你的价值也就越大，因此得到的价格也越高。

顾问式销售依行业不同而不同，而在每个行业中，又依具体运营的不同而不同。客户公司的业务运营是你的最终用户，也是你真正的市场。他们的运营方式产生了你可以减少或完全消除的成本。如果你能告诉他们如何做，他们就能提高销售收入或生产率。客户的业务运营是你要解决的问题的来源，也是用你解决方案的价值证明你的能力的机会。因此，仔细研究他们的运营方式，始终应该是你的当务之急。

如果你要进行顾问式销售，客户业务运营将是你咨询的主题。不这样做的话，你只能谈论自己的工艺流程及其生产的产品或服务。在这种情况下，你交谈的对象将是采购层，你的销售将基于竞争性的性能和价格，你获得高额利润的机会将消失。

了解业务运营概况

所有的业务运营都有一个流程，都有开始、中间和结束。生产制造以原材料开始，以库存中的成品结束。数据处理以原始资料开始，以报告结束。开始和结束两端都有成本，而在中间则只有成本。

顾问式销售代表应当熟悉他们所影响的客户关键业务运营流程，应当能够为每一个流程中的关键成功因素（做出 80% 贡献的那 20% 成功因素）合理分配成本，而且能够制定最佳改进措施，来降低客户的成本或增加客户的收入。

有些改进措施带有纠正作用，也就是说它们将降低现有成本。有些改进措施有根治作用，它们会改变一个工序，使之与另一工序相结合，或将之从流程中去除。还有一种情况是，改进措施将改变一个工序的体系结构，从而导致一套全新的成本中心或收入中心出现。

在大多数客户运营中，工作流程成本效益不高。这会造成不必要的成本，或使工作效率低下。如果你能对其进行优化，就可以提高其贡献的利润。你减少的每一美元成本都能进入客户的最终收益。你在生产力方面的每一项改进也能降低运营成本，提高在劳动力、能源和材料上投入的每一美元的产出。

研究客户的业务线或业务部门的方法有两种。第一种方法是研究其资金情况，以确定其在公司投资资金流中的排名。第二种方式是研究其工艺流程，以确定其关键成功因素。

Skill

1. **研究资金**。如果没有资金流动，任何业务都无法进行。一旦资金被分配，就可以从中层管理者那里提取资金并投入运营，这就是投资。如果顾问式销售者希望有事可做，那么资金流向哪里，他们就得去哪里。而资金总是流向客户的成本中心经理和利润中心经理。他们的成功对企业战略至关重要。

   "资金流向哪里就去哪里"可以避免你被告知"我们没有钱"而失败，避免提案实际上因"资金不足"而被打回来。

2. **研究流程**。当资金流向业务线利润中心或成本中心时，就会产生工作流程。你必须知道这是如何发生的，必须能够识别你所影响的客户所有业务部门的关键成功因素，必须知道它们目前对业务部门成本和收益的贡献，同时也必须知道你是否能为其增加价值，知道你能使客户获得多高的投资收益率。

图 7-1 显示的是决定一家连锁超市业务成功的关键业务部门。哪些地方成本过高，超出必要的成本？库存备货或订单装配效率是否低下？哪些地方的收入机会投资仍然不足？回程货运是否能为利润做贡献，或为利润做更多的贡献？

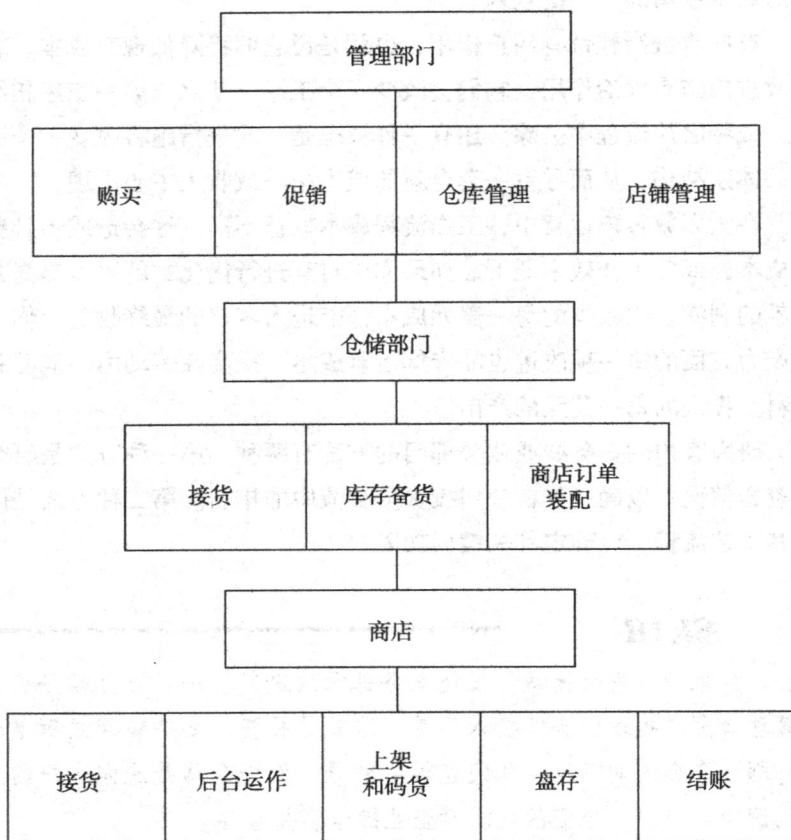

图 7-1　连锁超市工作流程

　　航空航天制造商的工作流程如图 7-2 所示。流程始于营销部门。如何才能用更短的时间周转更多的项目？设计分析和测试是不是整个流程的障碍？按照营销带来项目的流程走，是不是浪费了时间，从而也浪费了钱？假如模型测试时间缩短一个月会怎么样？缩短一个星期呢？这将为产品交付（拿到全款的时间）带来什么价值？换句话说，每个项目的应收账款回收周期缩短一个月将带来多少增值？

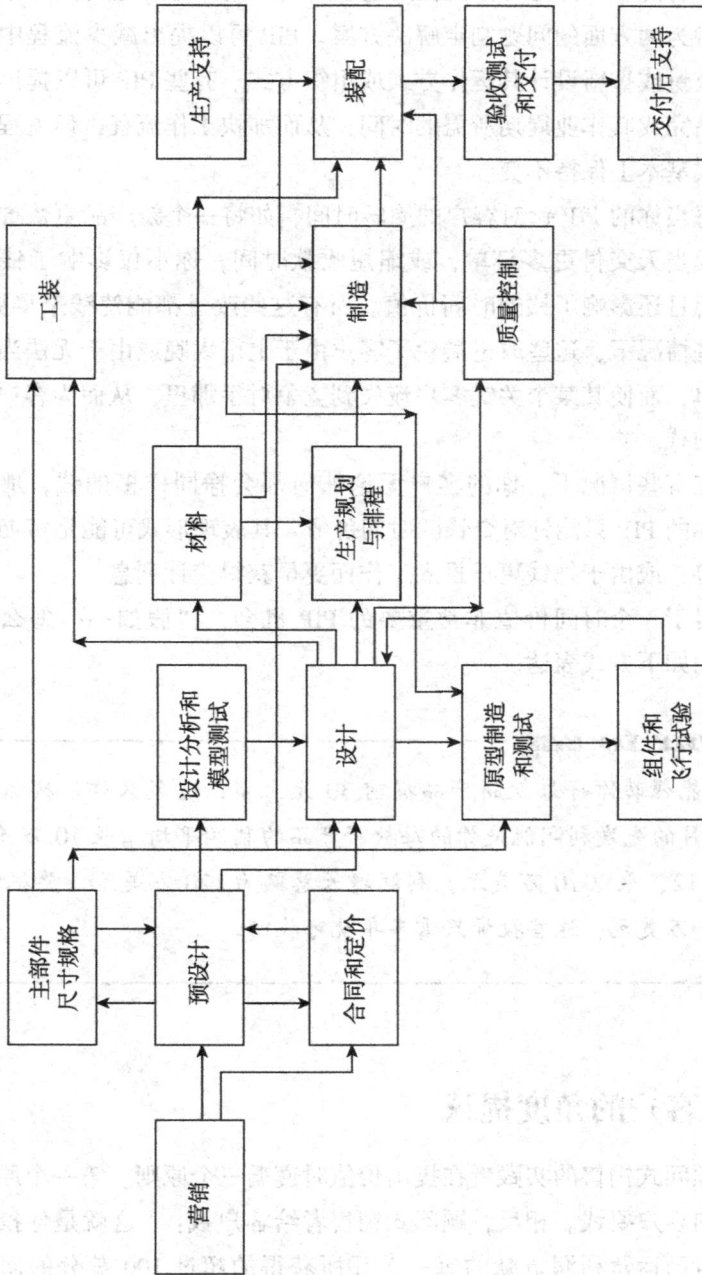

图 7-2　航空航天制造商的工作流程

所有的 PIP 都为工作流程问题或周转时间问题制定解决方案，有时同时为两方面的问题制定解决方案。PIP 可以提出减少流程中工作站的数量或重新设计其运作方式或组织方式。有些 PIP 可以提出减少工作站完成其作业周期所需的时间，从而加快工作流程，但流程的设计方式基本上保持不变。

每当你的 PIP 针对客户的周转时间，如将一个新产品更快推向市场，或当天交付更多订单，或缩短收款时间，你不仅影响了钱的数量，而且还影响了钱的时间价值。所有这些改进都能使钱来得更快。在某些情况下，这些改进避免了客户由于上市太晚或由于无法当下交付订单，而使其某个关键客户流失到竞争对手那里，从而为客户带来更多的钱。

在有些情况下，你的客户无论如何都会挣同样多的钱，那样的话，你的 PIP 只能针对金钱的时间价值。其表现形式可能是短期的利润优势，或由于把钱更早投入工作而更早获得应计利息。

对于一个时间价值非常重要的 PIP 机会，"假如……怎么样？"可以用如下方式表达。

How to say

假如我们能帮助你将每款新产品提前 30 天上市，这怎么样？按 20% 溢价来计算，额外一个月的先发利润能使你的每款新产品的利润平均增长 10 万美元。用每年的新产品数量 12，乘以 10 万美元，利润增长总额为 120 万美元。要把它变成现实，你只需投资 33 万美元，这些投资只需半年就可收回。

站在客户的角度提议

顾问式销售的实践者在提出价值时遵循三个原则。第一个原则是从不向客户要钱。相反，顾问式销售者给客户钱："这就是你投资于提高自己运营利润贡献的每一美元所获得的超过 100 美分的回报。"第二个原则是从不让客户把钱花在支付成本而不是投资上。第三个原则是从不让客户投资于你的产品或服务而非他们自己的运营。

顾问式销售者对第三条原则的理解是为客户业务带来竞争优势。对霍尼韦尔公司而言，这意味着把其"技术性而非销售性"工程技术语言换成基于结果的顾问式销售策略。德士古公司（Texaco），一家从事炼油厂温度控制系统的客户使他们别无选择。

How to say

你要明白，在我们厂还有很多人也在申请资金，其中有些人已经对利润增长项目的经济效益做过调研。因此，如果霍尼韦尔公司想让我们在获得资金上更有竞争力，那么你必须让我们提前看到销售更多石化产品能使我们提高效益，这样我们才能击败其他项目申请者。你越早做到这一点就越好，这样我们就可以在每个财政年度开始之前早早下手。

如果一个顾问式销售者拥有一项技术，能使一家航空公司的航班每次飞行之后的留港时间缩短 5 分钟，那么这项技术该如何销售？如果这家航空公司是西南航空公司（Southwest），共有 461 架航班，每日过站 2 773 次，那么每次过站节省 5 分钟带来的年收益就超过 10 亿美元。这是一年内，18 架飞机加上它们的机组人员、燃料和维修成本的总和。

可以像这样用现金流机会来挑战西南航空公司："假如让你们比现在少用 18 架飞机，挣得与现在同样多的钱，这怎样？"或者你也可以用增加收入而不是节约成本来挑战西南航空。

How to say

假如你们每七架飞机过站时间缩短，我们再额外给你们一架飞机怎么样？这第八架飞机不需要你们租用，不需要你们购买，不需要额外雇佣机组人员，也不需要额外增加燃料。

劲达公司（Deltec）是一家医疗设备制造商，其产品之一是由软件控制的止疼泵，根据成本定价是 10 万美元。怎么会是这个价格呢？在客户方面，该泵可以使内科组和医院启动一个新的疼痛管理收入中心。每月有四位患者就能达到收支平衡，假如内科组的每名医生按每月 20 位患者计算，平均每年增加 42.5 万美元的收入，这怎么样？劲达公司是否可以把 42.5 万美元回报的价值定价再高一些，超过基于

成本的 10 万美元的定价？

像德士古（Texaco）、西南航空（Southwest）和劲达（Deltec）这样的客户，在 KPI 的指挥下，他们必须提高其业务的利润贡献。这就是他们的世界。要想向他们销售，销售者必须与他们一起进入他们的世界，并在客户的参照系内提议增加价值。医院管理者的世界是用最赚钱的疗法，治疗能从中获利最多的患者；银行家的世界是用最赚钱的产品和服务组合，服务能从中获利最多的储户；航空公司经理的世界是飞行最赚钱的航线，服务能从中获利最多的乘客。

客户世界就是顾问式销售进行的地方。如果销售者通过展示晦涩难懂的科学技术，试图诱导客户进入他自己的世界，那么他实际上是在向自己销售。

提出数字 1 的力量

"1" 是最小的整数，却可能有巨大的力量。每天多销售 1 件产品，每周的当前收入或利润增加 1 个百分点，每月早 1 天收回应收账款，都可以为客户带来数量惊人的利润增长。运用数字 1 的力量对客户来说很方便。大多数管理者能够处理这种幅度的增量，而不致使业务中断，这样数字 1 带来的收益就不会被业务中断的成本和低效所抵消。此外，数字 1 具有可信性。大多数客户会欣然承认，他们能够把绩效、生产率或利润提高 1 个百分点。

数字 1 的力量是 PIP 力量的基础，是你提高客户利润的力量基础。如果数字 1 的力量足够强大，它也可能成为你的终点。如果你提出提高库存经理的周转率，你需要知道年周转次数增加 1 次的力量。如果你的客户是 IBM，100 亿美元的库存每年周转 2.8 次，每多周转 1 次就可以节省 20 亿美元现金，这些钱不必再压在未售出的电脑上。如果你提出降低航空公司经理的运营成本，你需要知道降低每 1 分钱成本的力量。如果你的客户是达美航空公司（Delta），每座位每英里的飞行成本每减少 1 美分，每年就可赚取相当于 6 亿美元的新收入。

数字 1 的力量也同样适用于各种客户运营。下面以信息系统为例来说明数字 1 的力量。

◇ 如果制造商的关键业务网络停机 1 小时，因延迟交易而带来的平均成本是 10 万美元。

◇ 如果一家航空公司的订票系统停机 1 小时，这会导致至少 100 万美元的销售损失。

◇ 如果华尔街一家证券公司的分销系统（distribution system）停机 1 小时，因股票和债券购买损失而带来的成本将高达 1 亿美元。

如果把数字 1 力量用于减少 1% 的库存积压（overstock），这能创造以下三方面的增值。

1. 可以减少库存投资资金的利息成本。
2. 可以节省库存中滞销商品的保有费用，这通常能减少高达 25% 的库存分销总成本。
3. 可以减少过时产品的注销。

减少 1% 的库存脱销能为更多方面创造增值。

1. 可以提高当日订单完成率和及时交货率，避免计费和收款滞后。
2. 可以减少因缺件导致的生产停机时间，同时减少生产少量补货所需的机器拆卸和安装成本。
3. 能确保高利润产品的高周转率。如果 1% 的产品占应收账相当大的比例时，这一点尤其重要。
4. 最大限度减少订单和客户流失。

对上面每一个例子来说，顾问式销售的开场白都是一样的。

How to say

假如我们开始减少停机时间，一次减少 1 个小时会怎么样？最少需要多少小时才能使收入产生显著性差异？其货币价值是多少？如果 1 小时意义重大（如对于华尔街证券公司），那我们以这个开始怎么样？

多方寻找数字 1 的力量

数字 1 力量的价值来源于很多地方。

如果库存积压减少 1%，其价值可以来自库存投资利息成本的减少、来自占库存分销总成本 25% 的滞销商品的保有费用减少，以及来自过时产品注销的减少。

假如客户的库存问题是缺货，而你能够将库存缺货减少 1%，结果会怎样？其价值可能来自以下几个方面。

◇ 占年收入 80% 以上，利润贡献最大的产品的周转率提高。

◇ 当日订单完成率提高，因而计费和收款周期缩短。

◇ 订单流失减少，客户流失减少，客户满意度提高。

◇ 生产少量补货所需的机器拆卸和安装成本下降。

数字 1 的力量可以表现为你自己的客户新增加的一个客户的购买力。如果你提议你的客户在你那里投资 100 万美元购买新设备，那么往下进行之前，先停下来问问自己应当以顾问的方式说服他购买什么。答案万万不能是设备。客户将要购买的是由该设备带来的生产率提高所促成的额外的 100 万美元销售量（该销量所贡献的年利润为 25 万美元）。在提出建议之前，你必须知道以下两点。

Skill

1. 每年价值 100 万美元的增量需求确实存在。
2. 客户的投资收益率应等于或高于其最低预期收益率，以补偿其增量成本。这意味着你必须知道，客户投资 100 万美元获得 25% 的收益率，超过了其最低可接受的 20% 收益率。

如果需求确实存在，而且投资收益率达到了最低可接受的限度，那么 PIP 结案所需要的就是来自一个额外客户的年收入。这一客户的业务实际上就是你提议的内容。

如果通用阀门公司（General Valve Company）以 10 万美元的价格销售其双密封阀，而某个竞争对手的售价仅 7 万美元，那么通用阀门公司必须设法证明高出的那 3 万美元的合理性。如果不进行顾问式销售，公司就会推销双密封阀的特性和优势，并最终使其价值大打扣除。但是运用顾问式销售，通用阀门公司获得的回报将超过其最初提出的 10 万美元。

当通用阀门公司向一家石化炼油厂销售时，其客户经理所做的是寻找泄漏的阀门。当发现一个阀门将污染物泄漏到优质燃料设施中时，通用阀门公司便有了一个可结案的销售提案机会。优质燃料被降级为普通燃料，炼油厂因此遭受的潜在损失随石油价格的变化而变化。每年损失可高达数百万美元，而且一年比一年严重。相比之下，10 万美元的购买价格显得微不足道。如果客户的投资回报可能在 12 个月内发生，那么这一投资相当于一个利率为投资收益率（ROI）的短期贷款。

通用阀门公司的客户经理不必等着发现炼油厂炼油过程中的泄漏。他们可以根据自己的基准值，预测此类泄露对维修成本和收入的负面影响。球阀和闸阀总是比通用阀门公司的双密封阀便宜。仅仅看初始购买价格，球阀和闸阀占优势。但其拥有成本令人望而却步。如果其中一个阀门仅泄漏一条管道总吞吐量的 0.01%，那么这将损失掉 28.8 桶适销产品。这样每个阀门每年损失 10 500 桶油。如果按平均每桶油的价格为 10 美元计算，球阀或闸阀每年的成本实际上超过 10 万美元。当油价上涨的时候，阀门的拥有成本也随之上升。最终没有得到双密封阀好处的炼油厂积极地反复"购买"阀门（指球阀或闸阀），却享受不到它们对利润增长的贡献。

把数字 1 的力量系统化

有些顾问式销售者已经在他们的业务中把数字 1 的力量系统化了。此类业务可以这样说，每帮助客户降低 1% 的成本，我们就可以提出将客户利润提高 5%。使客户销售收入每增加 1%，我们就可以提出将客户利润提高 4%。每帮助客户把利率提高 1%，我们就可以提出将客户利润提高 9%。

如果你能帮助制造业客户省去某一主要产品的 1 个零件，那么你就能使该企业摆脱 10 个方面的成本，也就意味着客户就不必做下列这十件事了。

1. 设计零件。
2. 为零件配一个零件编码。
3. 盘存零件。
4. 零件上架。
5. 检查零件。
6. 组装零件。
7. 修理零件。
8. 包装零件。
9. 搬运零件。
10. 交付零件。

　　如果你与客户合作以帮助他们扩大销售，你能使用数字 1 的力量来扩大他们的市场机会吗？如果你能使新妈妈们早 1 个月（当他们的宝宝 5 个月大而不是 6 个月大时）开始使用客户的婴儿食品，那么你能使客户的年销售量增加数百万美元。

　　表 7-1 和表 7-2 是运用数字 1 的力量来提高收入和降低成本的普通机会清单。在这些清单中的某处可能就是你自己最好的机会，即你做得非常出色、能帮助客户提高利润，因而成为你业务内容的那些事项。这些事项针对的是客户业务和业务部门的关键成功因素，这些业务和业务部门是你作为合作伙伴能够为之做出贡献的业务和业务部门，而且你为之所做的贡献必须成为行业标准。

表 7-1　收入扩大机会

1. 提高运营灵活性。
2. 提高生产或加工质量。
3. 提高产量。
4. 提高销售部门效率。
5. 推出新型号、新外形、新材料或新产品和改良性产品。
6. 减少客户退货。

（续表）

7. 运用创造性销售策略。

8. 加快生产和分销。

9. 减少或淘汰不赚钱的产品、客户、货仓或销售区。

10. 提高市场地位。

11. 提高品牌价值。

12. 增加客户利益。

13. 延长产品使用寿命。

14. 扩展到新市场。

15. 增加分销渠道。

表 7-2　成本减少机会

1. 减少运营数量。

2. 降低一个或多个运营的成本。

3. 把两个或两个以上的运营合并。

4. 运营自动化。

5. 减少劳动力。

6. 优化生产调度。

7. 减少运营时间，加快生产速度。

8. 减少保险成本。

9. 减少材料消耗。

10. 回收材料。

11. 代之以更便宜的材料，或调整产品配方。

12. 减少原材料库存。

13. 减少零件库存。

14. 加强控制。

15. 简化产品和包装设计。

　　成本世界正在发生变化。虽然传统上劳动力占据制造商成本的大部分，但现在除了在服务行业，劳动力成本很少超过 10% 至 20%。信息技术、机械自动化和离岸外包的应用都降低了劳动力成本，提高了生产率。虽然资本设备的核心成本传统上是客户投资的主要领域，或至少被认为是这样，但是在信息密集型服务与设备自然相伴的行业，情况不再是这样了。例如，在购买计算机时，一个常用的经验法则是每1美元硬件成本允许有100美元培训成本。对于网络计算机和电信设备来说，使所有的东西作为一个完整一致的系统运行，所需的支持成本通常超过设备成本的五倍。在许多情况下，减少这些客户的集成成本和应用成本，要比减少硬件成本更重要。

针对"红色区域"提出 PIP

你越早拿出 PIP 就越好，否则你可能因为无法销售而产生机会成本，或因为以下原因错失机会：被一个更快拿出 PIP 的竞争对手抢了先，客户优先项目改变，经理们换工作或职位合并，资金用完或重新分配。

若你销售的是提高的利润，时间就成为你的敌人。金钱既有货币价值，也有时间价值。而时间会使金钱的价值贬值。关于金钱的一个经验法则是，今天的1美元总是比明天的1美元更值钱，因为今天的1美元可以在今天投资以赚取更多的钱，而明天的1美元必须等到明天才能投资。无论对你自己的业务还是对你的客户来说，都是这个道理。拿出 PIP 需要的时间越长，你赚的钱就越少，而花在销售成本上的钱也就越多。

客户经理的工作就是做交易。交易就是能产生正向回报的投资。PIP 是发出的交易邀请，客户通过投资应用你的产品、服务或系统来提高利润。

从客户角度来看，你的 PIP 必须清除以下六个主要障碍，才能被认为是一笔好交易。

1. **预期收益率**。用客户的问题来表述就是，"我能从中得到多少钱?"你可以给出两个答案。其一是第一年收入增加或成本下降产生的现金流；其二是将第一年以后整个投资有效期限内所有未来现金流折现成净现值。

2. **建议的投资额**。用客户的问题来表述就是，"我需要投入多少钱？"

3. **内部收益率**。用客户的问题表述就是，"我从中得到的钱与我投入的钱的比率是多少？"答案是每 1 美元投资每年的回报率。

4. **投资回收期**。用客户的问题表述就是，"需要多久我才能收回投资？"

5. **机会成本**。用客户的问题表述就是，"如果拒绝你，我会损失多少？"答案是，整个投资有效期限内总的正向净现金流。即便是拖延也会带来成本。PIP 的益处每推迟一天实现，都会把投资回收期和正现金流回报向后推迟一天，使投资回报的最终价值减少。图 7-5 说明机会成本如何能迫使客户快速结案，这样客户从一开始就能实现供应商收益的升值价值。

6. **最早风险控制点**。用客户的问题来表述就是，"一旦涉足其中之后发现我不喜欢这个，需要多久我才能从中抽身而出？"答案是第一个测量结果的监测点。

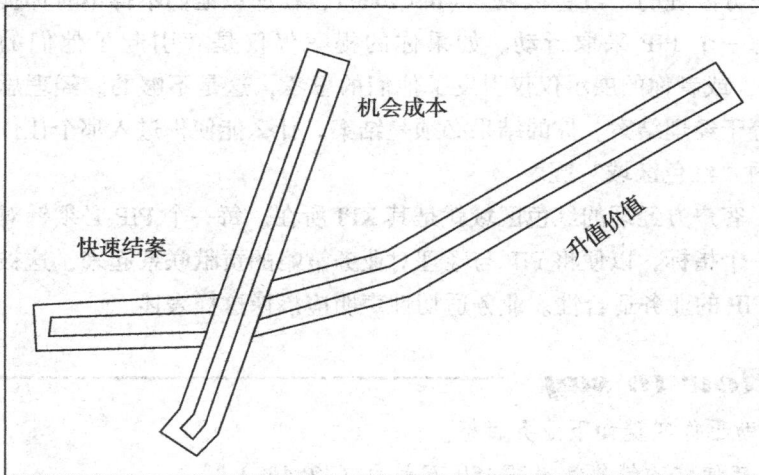

图 7-3　顾问价值/成本模型

提出杀手级应用

可结案的 PIP 是"杀手级应用"的载体，杀手级应用是最大限度提高客户利润、应用于客户运营的供应商技术。杀手级应用能够解决问题，或干掉旨在获得同一机会的竞争性销售提案。它还能扼制拖延，因为不管是在运营上还是在财务上，其结果都令人信服。有三种方法可以使你的 PIP 成为杀手级 PIP。第一种方法是所有的初步计算要保守，处理客户的数字时给自己留下"回旋余地"：

◇ 高估所有成本（高估 20%）；
◇ 低估所有收入（低估 20%）。

第二种方法是承诺少数几种益处。仅仅是纠正客户零件短缺要比在同一个 PIP 中加上提高生产力、加强客户服务和加快库存周转容易实现。第三种方法是使用客户的数字。

如果你想达到 PIP 结案率为 1∶1 这一基准值，那么你必须进入客户方经理的"红色区域"（red zone），在那里他们不得不对你提出的每一个 PIP 采取行动。如果你的提案仅仅是"引起了他们的注意"，或者你的展示仅仅引发了他们的思考，这是不够的。经理思考不等于经理结案。你的结果必须是结案。什么能使你进入那个让你获胜的"红色区域"呢？

客户方经理的红色区域就是其 KPI 所在。每一个 PIP 必须针对其中一个指标，以便将 PIP 与经理对业务策略的贡献联系起来，这被称为 PIP 的业务适合性。业务适切性声明应该像这样表述。

How to say

这项提案有助于你实现如下业务目标。

1. 在未来三年使你的销售量提高 450 万美元（42.4%）。
2. 使你的市场份额提高 4.1 个点（10%）。
3. 使你的税前运营净利润（Net Operating Profit Before Tax，缩写为 NOPBT）提高 230 万美元（9%）。

在你们的合伙过程中，你将了解每个客户的业务目标。你的 PIP 必须把他们的贡献与这些目标联系起来，你需要量化你能帮助其实现每一个目标的程度，如为客户 450 万美元的销售目标贡献 86.4 万美元（4%），每年提高 69 万美元税前运营净利润（NOPBT），为运营利润目标做出 30% 的贡献。

客户方经理的"计划"由 KPI 组成。经理当前的绩效称为"实际绩效"。如果计划超过实际绩效，那么经理就"没有完成计划"，因此会面临处于竞争弱势的风险。当客户实际绩效低于某一关键绩效指标时，如果你的基准值高于客户绩效，那么客户的竞争弱势就能成为你的销售线索。

你选择为客户提高的绩效指标使他们对你的业务有了自己的认识。你决定"拥有的"的关键绩效指标将使客户方经理明白，你究竟能在其运营的**哪个地方**与之合伙，明白为什么（因为你的基准值）他们必须与你合伙。"那个地方"就是你的切入点。

例如，如果你想使 IT 经理觉得你令人信服，发出下列基准值挑战将事半功倍。

How to say

◇ 你的运营成本是否超过了我们的基准值，即你购买的所有东西的货币价值的 1%？如果是这样的话，我们共同努力使你接近我们的基准值，这怎么样？

◇ 你的员工数量是否超过了我们的基准值，即每 100 万至 150 万美元购买价值配备 2.2 名员工？

◇ 你延迟发货的次数是否超过了我们的基准值，即每个供应商一年总共延迟发货四至六次？

如果你想让医院管理者与你做生意，就用你的基准值来挑战他们病房使用率关键绩效指标。病房使用率，用病人入住率和每个病种的患者平均住院时间表示。你还可以挑战其他关键绩效指标，如门诊收入占总收入的百分比、每个出院病人的总收入、每个床位的现金流、医院职工的工资和福利支出占医院总支出的百分比。劳动力成本占总成本的比重显示医院劳动密集度控制得如何，每个床位的现金流显示医院如何积极收纳患者，患者的平均住院时间显示医院床位周转率管理得如何。如果你的劳动力成本基准值是总成本的 51%，而医院管理者只能做到 56.6%，那么你就有了一个提高其绩效 PIP 的销售线索。

如果你像 IFLOW 一样向医疗机构销售静脉（IV）输液系统，你需要了解不止一类客户方经理的关键绩效指标。就 IFLOW 来说，其主要用户是重症护理和新生儿部门主管，以及综合病房静脉输液小组负责人。具体决策时，除医院管理者及其首席财务官外，药房经理也参与其中。在 IFLOW 最初作为一个推销商时，影响其销售成功的关键因素是竞争价格和性能、销售人员对技巧、时机的把握，以及供应商的信誉。而在 IFLOW 转变成顾问式销售者之后，影响其销售成功的最主要的关键因素变成了 IFLOW 能够为其关键用户的关键绩效指标做的贡献。

在健康维护组织（Health Maintenance Organization，缩写为 HMO）和医院管理者这一层，以及中层管理者这一层，有好几个可以提高的绩效指标，具体如下：

◇ 病房使用率，如使用的床位数、入住率、平均住院时间，所有这些 IFLOW 都可以影响；
◇ 收入和支出，如每个床位的现金流、总利润率和资产收益率；
◇ 生产率和效率，如每个患者所需的员工数、总资产周转率，以及根据在各病种患者住院时间标准下的病人出院情况。

根据关键绩效指标基准值瞄定销售线索

关键绩效指标有两种：

1. 货币价值，以最低收入或最高成本目标表示；
2. 比率，以百分比表示。

有些关键绩效指标的分类在所有行业都是一样的，它们是经理人职位头衔的一部分。而有些关键绩效指标为某些行业所特有。

利润中心经理的关键绩效指标

职位头衔可预示所有利润中心经理绩效的关键指标。评价他们的是如下业务线绩效的财务和营运资金指标：

◇ 总收入，即销售收入总额；

◇ 运营总收入，即总利润减去总运营费用；

◇ 总运营费用，即销售成本加上总务和管理（General and Administrative Expenses，简称 G&A）费用再加上研发（R&D）费用；

◇ 售出商品的成本，即销售人员的报酬加上销售支持和销售培训费用；

◇ 库存周转率，即每年的净销售额与年终库存的比率；

◇ 应收账款周转率，即年净销售额与平均未偿付应收账款的比率。

对利润中心经理的评价，也依据他们下列关键绩效指标的完成情况：

◇ 毛利，即总收入减去销售成本；

◇ 净利润，即税后的净收入减去净销售额；

◇ 生产率，即销售收入减去劳动力成本；

◇ 销售效率，可以用销售收入与销售费用、成品库存、积压订单、当日订单履行以及应收账款的几个比率表示。

如果你的客户管理一台软饮料灌瓶机，其关键绩效指标与你的基准值之间的任何显著差异都可以成为你的一个可用销售线索：

Question

◇ 他们的生产能力有多少在被利用？

◇ 他们每名雇员发货多少箱？

◇ 他们有多少运行时间被停机中断？

◇ 他们每箱获得的毛利是多少？

◇ 他们的销售收入有多少属于应收账款？

◇ 他们满足了客户群的多大比例？

成本中心经理的关键绩效指标

成本中心经理有其特有的关键绩效指标如下：

◇ 如果他们管理研发，评估他们的指标中有一个是所开发的产品数量与商业化的产品数量之间的比率；

◇ 如果他们管理生产，评估他们的是停机小时数与正常运行小时数之间的比率；

◇ 如果他们管理库存，评估他们的是当天发货的订单数与收到的订单数的比率。

一旦了解了客户公司对其经理有什么期望，你就可以提议通过瞄定下列类别中任何一个其实际绩效低于你的基准值的指标，来瞄定销售线索，帮助客户提升。

从关键财务绩效指标瞄定销售线索。客户当前的财务绩效能够表明三种利润增长项目的机会。

Skill

1. **总收入提高项目。**你可以提议通过加快产品上市时间，提高新产品开发周期的周转率，提高预测准确度或减少库存，增加分销渠道或缩短应收账款的回收周期来提高总收入。

2. **运营收入总额增加项目。**你可以提议通过提高销售量或减少销售成本、减少总务和管理（G&A）成本，以及减少研发（R&D）成本，来提高运营收入总额。

3. **商品销售成本降低项目。**你可以提议通过提高销售人员的生产率，缩短销售周期，增加分销渠道，开辟新的需求来源或重新制定销售策略来降低销售成本。

从关键运营绩效指标瞄定销售线索。客户当前的运营绩效能够表明四种利润增长项目的机会。

Skill

1. **毛利润提高项目。**你可以提议通过增加销售量和扩大市场份额、缩短销售周期、增加分销渠道、提高新产品开发周期的周转率或降低生产成本，来提高毛利润。

2. **净利润提高项目。**你可以提议通过提高利润或降低销售成本来提高净利润。

3. **生产率提高项目。**你可以提议通过减少劳动密集度，增加自动化程度或改进劳动力培训来提高生产率。

4. **销售效率提高项目。**你可以提议通过降低销售成本、成品库存或积压订单，或通过提高当天订单完成率和应收账款回收率来提高销售效率。

从关键营运资金绩效指标瞄定销售线索。客户当前的营运资金绩效能够表明两种利润增长项目的机会。

Skill

1. **库存周转率提高项目。**你可以提议通过降低库存，或帮助库存快速周转，来提高库存周转率。

2. **应收账款周转率提高项目。**你可以提议通过帮助客户提高收回应收账款的速度，来提高应收账款周转率。

利用现金流量表

PIP 是现金流机会（Cash Flow Opportunities，缩写为 CFOs）的载体，现金流机会也称为现金流投资机会（Cash Flow Investment Opportunities，缩写为 CFIOs）。PIP 是机会的输送机，其交付物就是其现金流。

作为现金流机会，PIP 有以下三个特征。

1. 它们使客户经理投资自己的运营有了更多的选择，没有顾问式销售者这是无法做到的。

2. 它们可以使客户经理提高现有资产的生产率，从而提高已经降低的成本对利润的贡献。

3. 它们把供应商的技术和客户的技术结合起来，补充了客户经理的专业能力，从而使客户更有竞争优势。这样一来，合作伙伴关系中顾问式销售者的共同管理增加了补充价值。

按照法律规定，公开上市交易的公司必须提供三种类型的信息，其中之一便是现金流量表。现金流量表可以为销售者针对客户的关键绩效指标提出 PIP 提供线索。其他两种信息是资产负债表上的资产和负债以及收益表上的运营利润。这两类信息也可能有用，但是对顾问式销售者来说不如现金流量表有用。

现金流量表由三部分组成；虽然其他两部分可能很有趣，但是只有来自运营活动的现金流量表才能揭示可用线索。来自投资活动的现金流显示资本支出，而来自融资活动的现金流说明银行贷款和股票销售情况。

运营活动可以使顾问式销售者瞄准以下 PIP 目标。

◇ 如果运营现金流滞后于净收入，那么就可能存在一个提高业务线经理销售收入或应收账款收取的关键绩效指标。

◇ 如果库存的增加快于销售，那么就可能表明一个增加销售来补充库存消耗现金的机会。

◇ 如果应收账款的增加快于销售，那么就可能存在一个提高应收账款回收关键绩效指标的机会。如果应收账款的回收滞后于收入，那么就可能存在一个提高呆账回收关键绩效指标的机会。

◇ 如果一个快速成长的客户公司因为消耗的现金大于产生的现金而出现负现金流，那么就可能存在一个提高销售关键绩效指标的机会。

在客户现金流所揭示的各种销售线索机会中，销售和销售产生的应收账款的回收占主导地位。对于把自己定位成收入提高者的顾问式销售者来说，这些机会中的任意一个都能代表一个补救性的 PIP。许多客户公司靠其现金流生存，用明天的支票支付昨天的账单。现金流一旦中断，无论多轻微，无论时间多短，都会危及他们的信誉。在这种情况下，顾问式销售者就可以成为他们实质上的资金管理者。

第 8 章
如何量化 PIP 解决方案

客户利润的增长始于你了解客户如何提高利润，也就是说客户现在是怎么赚钱的。这是顾问式销售的起点。除非顾问式销售能够提高客户赚得的利润，否则该客户不会是高利润销售的潜在客户。

客户赚钱基于其在以下五个要素上的良好表现。

1. 流动资金。
2. 周转。
3. 贡献毛益。
4. 投资收益率。
5. 投资回收期。

运用流动资金原则

利润是通过商业资本的运转而产生的。每个企业都建立在以现金形式开始的资本或资金上。企业的目标就是把初始现金变成更多的现金。这是通过资本（即初始现金）在三个转换点（transfer points）之间的循环实现的。每一次转换都会增加价值。

第一步，初始现金转换成库存；
第二步，库存转换成应收账款；
第三步，应收账款最终又转换成现金，完成一次循环。

上述三个步骤说明了流动资金的原则。每个企业都依赖流动资金来赚钱。

　　流动资金是一个企业的当前资产。一旦现金被投入于积累库存，它们便开始赚钱了。每一次原材料被购进或被加工，库存便产生了。实际上，生产调度也可以称作库存转换，生产进一步增加了库存的价值。

　　图8-1说明了资金在客户企业中循环的盈利过程。在A点，资金以现金形式存在。业务运营开始，资金的形式改变。随着原材料被购进，工资被支付，成品被生产并从车间运至仓库，最初的现金就变成了库存。

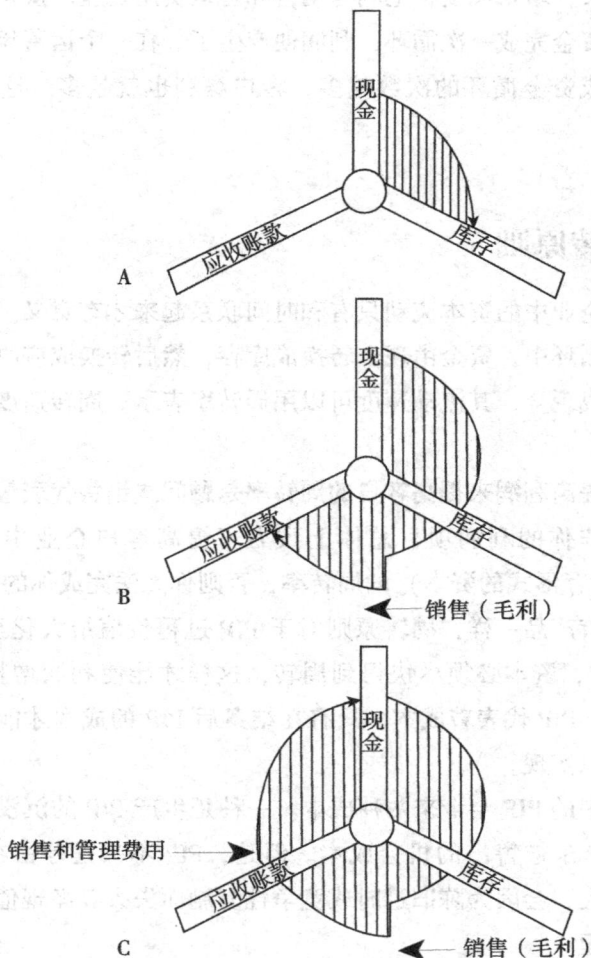

图 8-1　赢利资金流动

在 B 点，当销售发生时，资金由库存（生产出来的商品）变成应收账款。随着资金的流动，资金数额增加，因为库存按成本估价，而应收账款按销售价格估价。增加的数额就是销售的毛利。毛利率越高，资金循环一个周期增长的幅度就越大。

在 C 点，收回应收账款所得资金又变成现金。在此之前，其数额中减去了整个运营周期中支付的销售和管理费用。

到 C 点，一个完整的资本循环周期便告结束。其结果是流动资金数额增长，增长幅度是毛利与销售和管理费用之差。换句话说，当商业流动资金完成一次循环，利润便产生了。在一个运营年度，你帮助客户完成资金循环的次数越多，客户赢利也就越多。这就是**周转原则**。

运用周转原则

客户企业中的资本流动只有和时间联系起来才有意义。因为在一个完整的循环中，资金由现金转换成库存，然后转换成应收账款，最终又转换成现金，其流动速度可以用周转率表示。周转速度越快，利润就越大。

通过提高利润来提高客户的周转率是顾问式销售代表最为重要的职责。除非你的利润项目总体上致力于提高客户企业中所用资本（尤其是库存形式的资本）的周转率，否则你无法完成你的使命。

与所有产品一样，周转原则对于 PIP 过程价值最大化至关重要。PIP 是资本，资本必须尽快得到周转，这样才能使利润增长最大化。作为库存，PIP 代表着成本。只有在结案后 PIP 的成本才能收回，其价值才得以实现。

库存中的 PIP 会带来两种成本。一种是生产 PIP 的**沉没成本**，另一种是 PIP 未被售出的机会成本。但是，PIP 不只是停留在库存中，它们会消失，会因为陈旧过时或竞争性复制而失去其净现值。其半衰期日益缩短。

一般来说，周转比其他任何策略都能提供更多提高利润的机会。提高周转率最常用的方法是提高销售量和降低运营资金需求。在有些

> 沉没成本（sunk cost）是指由于过去的决策已经发生且不能被现在或将来的任何决策改变的成本，如时间、金钱、精力等。
> ——译者注

情况下，周转率可以通过降低销售量，甚至是提高运营资产的投资来得到提高。

你完全有能力帮助客户提高资金周转率，因为如图 8-2 所示，销售是资金周转的驱动力。你必须不断地寻找客户销售量和实现销售量所需的运营资金投资之间的最佳关系。在最佳关系出现的这一点，周转率带来的利润最多。

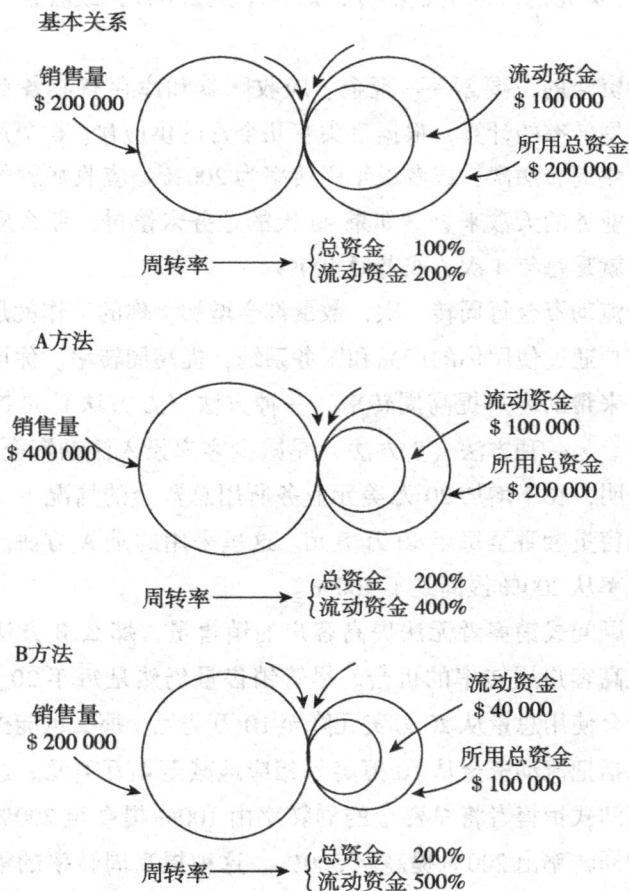

基本关系

销售量
$ 200 000

流动资金
$ 100 000

所用总资金
$ 200 000

周转率 ——→ { 总资金 100%
流动资金 200%

A方法

销售量
$ 400 000

流动资金
$ 100 000

所用总资金
$ 200 000

周转率 ——→ { 总资金 200%
流动资金 400%

B方法

销售量
$ 200 000

流动资金
$ 40 000

所用总资金
$ 100 000

周转率 ——→ { 总资金 200%
流动资金 500%

图 8-2 赢利周转率

在图 8-2 中，销售轮的圆周代表 12 个月运营期、价值 20 万美元的销售量。销售轮驱动着一个小轮，小轮代表流动资金。流动资金轮的圆周等于投入运营的资金，这里是 10 万美元。流动资金轮外面是一个更大的轮，该轮也是由销售驱动，代表使用的资金总量，这包括 10 万美元的流动资金，加上投资于厂房和设备的另外 10 万美元。因此，代表所用总资金轮的圆周是 20 万美元，与销售轮的圆周相等。

当年销售额为 20 万美元，而运营所用总资金为 20 万美元时，总资金的年周转率就是 100%，或者说每年周转一次。总资金中数额为 10 万美元的流动资金部分，周转率是 200%，或者说一年周转两次。

流动资金的三要素——现金、应收账款和库存有其各自的周转率。库存周转率的计算，根据手头有几个月的供应量。6 个月的供应量代表每年周转两次，或者说年周转率为 200%。应收账款的周转率按未偿付业务的天数来算。如果 90 天的业务未偿付，那么应收账款的周转率就是每年 4 次，或者说 400%。

由于流动资金每周转一次，数量都会增加，你的工作就是要想方设法让客户通过使用你的产品和服务系统，提高周转率。你可以使用两种方法来帮助客户提高周转率。一种方法（A 方法）是扩大客户的销售量。另一种方法（B 方法）是减少客户投入流动资金的钱数。图 8-2 表明，在不增加 20 万美元业务所用总资金的情况下，可以把客户的销售量翻番至每年 40 万美元。这里采用的是 A 方法。流动资金的周转率从 200% 提高到了 400%。

如果顾问式销售者无法提高客户的销售量，那么 B 方法提供了另一个提高客户周转率的机会。尽管销售量仍然是每年 20 万美元，如果把资金使用总量从 20 万美元降至 10 万美元，那么也能提高周转率。这包括把流动资金从 10 万美元相应地减至 4 万美元。这些方法有助于顾问式销售者将总资金的周转率由 100% 提高至 200%，将流动资金的周转率由 200% 提高至 500%。这种提高周转率的策略意味着客户的运营资金使用效率更高。

由方法 A 和方法 B 带来的利润增长可以很容易算出，把每次周转中资金增长的部分乘以周转次数就可以了。如果在图 8-2 所示的基本关系中运营利润为 5 万美元，通过 A 方法实现的利润就翻番至 10 万美元。在 B 方法中，利润仍然是 5 万美元，但是 10 万美元的资金从运营中被释放出来，这些资金可用于开展其他业务或者偿付债务。

提高客户周转率的机会有很多。原因很简单，客户企业使用的总资金由许多独立资金组成，这些资金构成流动资金和固定资金。其中任何资金周转率的提高都会使总资金周转率相应提高。因此，你可以瞄准客户"周转率组合"（turnover mix）的任何一部分，而不必考虑其他组成部分或它们的总和。例如，客户库存中任何一个项目（包括你自己的产品）周转率的提高会使客户的总资金周转率提高，最终使其利润提高。

运用贡献毛益原则

利润的关键是贡献毛益，即每一条生产线或业务单元为客户的总利润贡献多少利润。影响客户的贡献毛益是顾问式销售的一个重要目标。有两种办法可以做到这一点。一种方法是在当前贡献毛益保持不变的情况下提高销售量；另一种方法是在当前销售量保持不变的情况下提高贡献毛益。

表 8-1 说明了贡献毛益的计算方法，即从销售收入中减去各种不同的成本。在下表中，客户的总贡献毛益是 9.5%。这就意味着销售额中的每一美元都贡献 9.5 美分的利润，来抵偿客户 22.1 万美元的固定运营费用。要全部抵偿这 22.1 万美元的固定费用，需要很多 1 美元的销售来贡献 9.5 美分的利润。即便销售量能达到那一数额，客户也仅仅是收支平衡。这时就该你施展手脚了。如果能提高销售量或者降低需要从销售收入中扣除的各种成本，你就能提高客户的利润。

表8-1 产品线利润贡献分析　　（单位：千美元）

	合计	产品线		
		A	B	C
1. 销售	$ 2 600. 0	$ 1 742. 0	$ 650. 0	$ 208. 0
	100. 0%	67. 0%	25. 0%	8. 0%
2. 销售成本	$ 2 106. 0	$ 1 440. 0	$ 520. 0	$ 146. 0
	81. 0%	82. 7%	80. 0%	70. 0%
3. 毛利 (1-2)	$ 494. 0	$ 302. 0	$ 130. 0	$ 29. 8
	19. 0%	17. 3%	20. 0%	29. 8%
4. 工资	$ 221. 0	$ 134. 0	$ 65. 0	$ 22. 0
	8. 5%	7. 7%	10. 0%	10. 6%
5. 其他	$ 26. 0	$ 10. 0	$ 13. 0	$ 3. 0
	1. 0%	0. 6%	2. 0%	1. 4%
6. 合计 (4+5)	$ 247. 0	$ 144. 0	$ 78. 0	$ 25. 0
	9. 5%	8. 3%	12. 0%	12. 0%
7. 贡献毛利 (3-6)	$ 247. 0	$ 158. 0	$ 52. 0	$ 37. 0
	9. 5%	9. 0%	8. 0%	17. 8%

　　顾问式销售者的选择已在表8-1中列出。如果你想做A产品线，提高销售量能最大限度提高利润。虽然其毛利仅为17.3%，它也有9.0%的贡献毛益。销售量的任何增长都会带来新利润。另一方面，如果你想做B产品线，你就得减少其各种成本。虽然B产品线20%的毛利超过了产品线A，但是除去各种费用后其贡献毛益只有8.0%。如果能降低其费用，你甚至能在不提高销售量的情况下提高其贡献毛益。

运用投资收益率和投资回收期原则

当你把一个 PIP 呈给中层管理者时，你预计他会提出什么
问题？

Question

◇ **这笔交易的净现值是多少？** 为了得到这一问题的答案，该经理会把你提案中预
测的未来现金流以该公司的资本成本率折现。然后该经理会按照当前美元的价
值计算这些现金流的累计价值，从而得出其现值。最后，经理从现值中减去你
所要求的投资，以此得到净现值。

◇ **这一提案中的投资收益率是多少？** 为了得到这一问题的答案，经理会把利润与周
转次数相乘。如果利润下降，而你建议提高利润，那么你就可以不管周转率。如
果你不能提高利润，经理会看你是否建议提高周转率。

◇ **PIP 中提出的投资回收期是多长时间？** 投资回收期计算的是投资的收回，而不是
投资所得的收益。该经理想尽快收回投资，以控制风险。投资回收期通常的计算
方法是用初始投资除以预测的现金流。或者也可以把每一时期的现金流加总起来
直至达到投资额。

客户方经理会用商业速记法来快速评估你的 PIP，以此来决定它
们是否值得认真考虑。他们以极快的速度、用两个评判标准来迅速了
解他们必须事先知道的重要东西。

Question

1. 如果投资你的提案，他们很可能从中挣多少钱？
2. 他们需要多长时间才能挣到那么多钱？

经过这两个问题的快速筛查，他们将决定是否有必要与你往下更
进一步，即进一步了解他们对你提出的"多少钱"和"多长时间"
有多大把握。

"多少钱"标准

客户方经理用三个"多少钱"标准来决定他们投资你的某个 PIP 将获得多少收益。

1. **净现值**指的是在你提案的整个商业周期中你能帮他们获得的所有未来现金流折合为当前价值（以使其有一个共同的价值标准）的净价值。由于金钱的时间价值，把未来价值变换成当前价值或者对未来价值进行折现是有必要的。今天经理人手里的一美元往往要比明天他手里的同一美元值钱。所有的经理人接受提案都有一个最小净现值标准。你的提案必须超过这些净现值标准才值得他们考虑。

净现值是最好的价值指标。顾问式销售就是净现值销售。顾问式销售者所销售的利润增长就是净现值增长。其他再没有什么东西能告诉销售者或客户其投资回报的真正价值。

代表现金流的净收入本身，忽视了增加收入所需资产的成本。当投资相对较少时，投资收益率本身会夸大对投资回报的感知。

2. **投资收益率**指的是客户利润增长总额与产生这些利润所需的总投资额的比率。要想做成一笔交易，投资收益率必须等于或超过客户增量投资的最低预期收益率——一般情况下是客户资本成本的 2/3 或更高。

投资收益率是 PIP 产生的钱与投入的钱之间的比率。内部收益率是 PIP 中最常用的投资收益率。它代表的是在一个 PIP 的整个商业周期内每一美元投资所能产生的调整时间影响后的年均收益率。

3. **税后现金流**是指减去税收、加上折旧和其他一些非现金支出以后的提案利润。现金流是净收入，通常称作**最终收益**。现金流对于每个企业来说都至关重要。它甚至比利润更重要，因为它是企业持续运营的保证。折旧是资产由于使用或陈旧过时而导致的价值减少。这实际上是定期降低资产的一部分原始价值，这样有助于减少税收，从而影响税后现金流。

"多长时间"标准

客户方经理把**投资回收期**作为他们"多长时间"的标准，以确定多久才能收回你提案中的投资额。计算投资回收期的方法是投资总额除以预期的税后现金流。投资回收期是竞争性提案相对优势的一个重要决定因素。一旦投资得以回收，客户方经理就解脱了，或者说没有风险了。从那时起，他们的关注点集中在你的提案的净现值、会计收益率和税后现金流上。

"有多大把握"标准

投资回收期是客户方经理对于接受一个 PIP 的"多少钱"和"多长时间"有多大把握的一个关键指标。投资回收得越快，交易的把握就越大。除了投资回收期之外，有助于提高确定性的东西是能够证实你业绩记录的基准值，以及证明你解决方案的 PIP 成本收益分析。

对你来说，投资收益率这一分析工具有以下三个优点：（1）它是利润贡献的一种公平测量法；（2）它有助于把注意力引向最直接的获利机会，并允许这些机会以优先顺序排列；（3）它容易被客户公司的财务经理以及销售和营销经理所理解和接受。

图 8-3 显示的是计算投资收益率的两个公式。这两个公式把盈利所需的主要运营因素和财务因素与衡量所得利润使用的各种比率联系起来：以货币单位计算的销售单位利润率；运营资金（维持业务运营所需的资金）的周转率；以及总投资，包括营运资产、厂房和设备。

客户投资于你的利润增长项目惟一的经济理由就是获得较高的投资收益率。这一不言而喻的道理必须从两方面来理解：一方面是获得的收入；另一方面是避免的成本，包括获得投资资金的成本、保有这些资金的成本，以及拒绝资金用于可能更赚钱的项目所产生的成本。

A. 通过提高周转率而提高投资收益率的方法

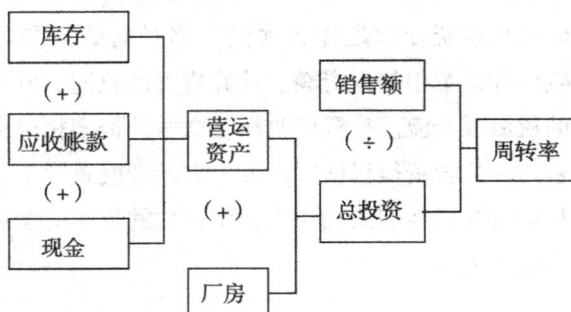

B. 通过提高运营利润而提高投资收益率的方法

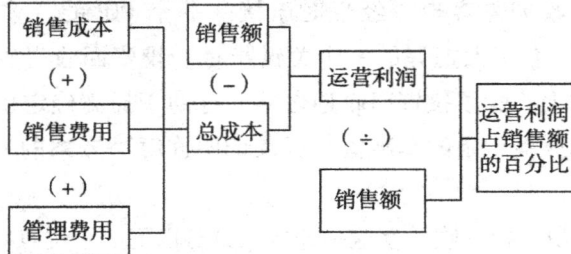

图8-3　投资收益率公式

　　诊断是咨询的核心，而基于投资收益率的诊断技术又是诊断的核心。如图8-3所示，投资收益率就是运营利润率和周转率的产品，运营利润率是指运营利润占销售额的百分比。任何时候，如果你想提高客户的投资收益率，就必须首先诊断客户运营利润率方面存在的问题，或发现提高客户周转率的机会。

　　图8-3的A部分显示的是以周转率表示的投资收益率的构成要素。如果对其中每个要素进行分析，你会发现能够提高周转率的利润机会。例如，你可以建议一个项目来减少客户的应收账款。这就减少了投入于营运资产的资金数量，从而减少客户的总投资额。这样，你就可以在不提高销售量的情况下提高客户的利润。

　　如果你的目标是提高运营利润，可以利用图8-3的B部分显示的诊断利润提高的方法。你可以建议一个项目来降低客户的销售成本，这可以减少总成本，使客户运营利润提高。

共同管理客户资产

当客户投资购买你的产品或者服务时，他们便获得了一项资产。其目的是使资产尽快周转，再变回现金。然后他们就可以与你投资另一项资产，重新开始这一过程。如果他们在你那里投资有效的话，每一个投资周期结束时他们都比开始时有了更多的钱。资产周转是赚钱的秘诀。周转的资产越多，周转速度越快，赚钱也就越多。

应收账款和库存是客户的两项主要流动资产（current assets）。由于流动资产可以周转，所以它们转换成现金的速度比固定资产要快。只要你能加速客户应收账款和库存资产的周转，你和客户就都能赚到钱。如果你和客户听任这些资产增多（若客户因销售量下降导致库存增加，或客户的客户延迟付账），你和客户都会产生错失机会的成本。

理想的情况下，客户希望在应收账款和库存上的投资为零。你帮客户把收款期缩短的每一天都能为他们赚到钱。库存每多周转一次也能提高利润。一年周转 1.7 次的商品在售出之前大约要在库存中停留 7 个月的时间。如果你能用 6 个月的时间把它卖出去，你就可以把它对利润贡献的速度提高 1/7。

在向客户利润中心经理销售时，资产周转率尤为重要。这些经理的关键绩效指标之一便是投资收益率。其计算方法是将他们的收益除以其在基础资产上的投资。投资收益率越高，高级管理层在利润中心继续投资的力度越大，同时每个中心的经理获得的报酬也越多。

你的客户的投资收益率能很好地说明你是一个什么样的合作管理者。如果你有能力影响库存，却让客户利润最高的产品缺货，那么你就是一个拙劣的客户资产共同管理者。如果你有能力影响收款期，却听任客户的钱搁置在应收账款里，那么与其说你是个合作管理者，倒不如说你是个不合格的管理者。提高库存周转率，缩短收款周期能使你成为客户资产更好的管理者。

每当你向客户提出建议，你就是在挑战他们评估一个风险。如果你请他们在你这里投资，以扩大生产现有产品的能力，那么你为他们提供了一个中度风险。其他类型的投资风险或高或低：更换或维修投资是最安全的，以往的经验可以帮助你准确预测其可能的现金流；降低成本的投资相对风险较高，没有人可以精确计算出其潜在的节省幅度；风险最高的投资类型涉及新产品或新市场的开发，因为无论是成本还是收入都无法准确预测。

一旦客户投资于你，他们承担的机会成本就等于用这些资金进行其他投资所获得的收益。机会成本是他们支付给你的直接成本和在实施过程中承担的间接成本以外的成本。你越使他们远离其中度风险（中度风险时他们知道期待什么样的收益），他们就越厌恶风险，因此也就要求更多的证据，期望与你建立更紧密的合作伙伴关系。

当风险增大时，客户会把风险与风险的收益进行权衡。在高风险的情况下，他们更加关注的不是收益率本身，而是收益是否足以证明风险的合理性，不管风险有多高。

权衡风险和收益是管理的基础。在任何交易中，只有投资是完全明确的一笔钱。未来收益总是不确定的。如果风险加大，预期收益也必须随之提高。如果管理者面临着两个数额相等的投资，两者承诺的收益也相当，这种情况下他们很可能会选择风险较低的投资，即投入其中的每一美元的净现值较高的投资。

当风险相当或极小时，它就是一个可基本忽略的因素。在这些情况下，只要能收获正的净现值，那么投资总比让钱闲置好，因为闲置会产生机会成本。这就意味着收益必须等于或超过客户的资金成本。两者中不管是哪种情况，投资都是可以接受的。这其实是根据净现值计算投资价值的另外一种方法。从净现值来看，今天投资 0.5 亿美元，如果其未来现金流达到了 0.59775 亿美元净现值，那么这一投资就是值得的。事实上，客户是在用 0.5 亿美元支付价值 0.59755 亿美元的资产，从而获得 0.09775 亿美元的新价值。由于净现值远大于零，这是一笔不错的投资。如果净现值仅为零，时间将被浪费，客户的财富将被机会成本所消耗。

把时间价值货币化

时间就是金钱。要想知道多少时间值多少钱，必须把节省的每一分钟、每一小时、每一天或每一年都转换成降低的成本或可获得的收益的货币价值。如果一项新产品能提前 30 天进入市场，那么这额外 30 天的销售带来的增量收益的价值就是一个卖点。

如果一个生产流程能重新配置，用同样多的能量每小时生产 12 个零件，而不是 10 个零件，那么每一个零件减少的电费成本就是一个卖点。而每小时额外生产的两个零件的收益价值也是卖点。

不是所有的时间都能转化为等量价值。80/20 法则表明，客户方经理和员工 20% 的时间创造 80% 时间的价值。客户流程中节省的时间也一样。最容易结案的 PIP 是那些把最有价值的时间货币化的 PIP。

最有价值的时间不是用于获取信息的时间，也不是用于做决定的时间，而是技术应用时间，即使得供应商的技术产生效果所需的时间。更快、更好的结果是惟一能够贡献利润的时间价值。

关键绩效指标对结果有明确的要求，它们要求客户方经理进行两种类型的不断改进。一种是重新设计工作流程，比如说降低生产经理的废品率。另一种是缩短周期，比如减少一项新产品从发明到商业化所用的工时。研发（R&D）经理每提前一天把产品推向市场，其货币价值就可能决定第一年是赢利还是亏损。

对利润中心制订计划来说，12 个月的时间是不够用的。而在生产或营销上节省的时间能为业务线经理每年带来"多 1 个月"的销售收入，而且不产生任何成本。另一方面，对于成本中心来说，12 个月的成本又太多了。节省的时间能使业务部门经理每年"少 1 个月"的成本。

把他们的时间价值货币化以后，你就可以建议以下两种类型的机会。

Question

◇ 假如你能在不增加任何销售成本的情况下每年额外增加30天的销售收入，这怎么样？在未来两年没有任何新产品的情况下，面临全球日益激烈的竞争，还有什么其他同样是零成本的同等收益来源能满足你的关键绩效指标？

◇ 假如你每年能降低30天正常使用的能源成本而不给生产率、质量或正常运行时间带来任何损失，这怎么样？在没有任何其他零风险机会的情况下，还有什么其他同样是零费用的降低供应成本策略能满足你的关键绩效指标？

需要货币化的重要时间有两个：一是产品从开始研发到概念验证之间的工时；二是产品从概念验证到市场准入之间的工时。

产品必须在概念验证之后才能进入市场，（因为商业化需要验证），同时在获得市场准入之后才能产生现金流。在第一笔销售带来收入之前，每一个小时带来的都是成本。

自己提出来，而不是由客户提出来

作为一名顾问，你应当向客户提出，通过把你的技术应用到客户的运营中从而解决客户的业务问题，你能提高客户的利润。

你不是在销售技术，也不是在销售客户业务问题的解决方案，如"改善物流"或"减少订单积压"。你销售的是利润增长，这才是你的产品。你必须在提案中简要说明客户对提案中所说的用"多长时间"获得"多少钱"能有多大把握。如果只是你自己有把握，客户会不放心，也就不会与你合伙。你自己是不是有把握并不重要，你必须使客户感觉有把握。否则的话，他们会告诉你他们不放心。如果他们一直有那种感觉，那么你就无法与他们结成合作伙伴，进而也就无法向他们销售。

短期放心的合作伙伴有很多，长期放心的合作伙伴要少一些，但是长期不放心的合作伙伴根本没有。

你必须能拿出证据，向客户说明投资收益来自哪里，如何流动，这样才能让客户放心。你可能会很自然地认为，是因为投资才有了收益。事实上正相反，是收益的承诺引起了后来的投资，把投资变成了结果。如果你不首先让客户对其获得新利润的原因感到放心，他们就无法想象投资这一结果。

当客户签字同意将资金转给你时，他们是在承诺购置资产。于是他们便拥有了一个新东西，其成本成了他们资产负债表的一部分，使他们的债务增加。惟一能与他们的债务公平交换的是他们可以从你帮助其实现的业务运营、业务流程和业务部门改善中获得的增值。

为了使这种交换便于测量，顾问式销售提案仿照图 2-2 中"方框 2"准备向"方框 1"展示的提案来设计。当你把提案展示给你的中层管理者合作伙伴时，你将扮演他们的角色，而他们将扮演公司高管的角色。你扮演的越像，你们的合伙关系就越密切，因而你也更容易被接纳进入他们内部领导层。

像中层管理者一样，你需要做的是详细说明利润增长解决方案。对资产进行分配以使收益最大化的公司高管将对你们两者进行评判。你与合作伙伴遵循正式商业提案的方法：第一，诊断出业务中的问题和机会；第二，制定业务问题的解决方案；第三，证明解决方案在业务中的有效性；第四，监控解决方案，以确保其在业务中的有效性，即确保解决方案能够在预定的时间内实现你所承诺的利润增长。

顾问式销售者可以发现许多相对简单的方法来说明如何提高利润。如果你向超市销售，你可以向连锁店总部甚至是单店经理说明，通过改进货架摆放，把其他品牌换成你的品牌，每箱产品或每一百美元销售额能提高多少利润。

提高制造业客户的利润可能依赖于提高经销商和第三方增值转销商（Value-added Resellers，缩写为 VARs）的利润。转销商是那种根据具体行业的不同应用把原始设备制造商的计算机系统客户化的分销商。通过帮助客户的分销商组织提高其贡献——这一点客户无法直接控制，但必须影响，你可以帮助客户提高渠道销售的利润。

分销商最大的单笔投资很可能是库存。控制分销商库存的关键是找到维持足够的销售和服务所需的最低投资额。测量存货投资利用率的一个方法是把分销商库存周转率与他们的行业平均水平进行比较。计算存货周转率的公式如下：

$$\frac{\text{一年的销售成本}}{\text{平均存货}} \times 100\% = \text{存货周转率}$$

如果客户的分销商所在行业每年存货周转率平均为 4.5 次，或每 80 天至 90 天一次，那么你可以帮助一个存货周转率低于平均水平的分销商这样看自己的问题：

$$\frac{\text{预计销售成本}}{\text{预计平均存货水平}} \times 100\% = \frac{\$\ 370\ 000}{\$\ 100\ 000} = 3.7\%$$

为了帮助分销商把其库存周转率提高到接近行业 4.5% 的平均水平，你必须帮助他们减少库存投资。要做到这一点，你必须先弄清楚多少库存投资能够产生 4.5% 的周转率。把分销商的预计销售成本除以希望得到的 4.5% 周转率，得出的库存是 82 000 美元。现在你可以清楚地看到，通过减少 18 000 美元的库存，你可以帮助分销商实现利润增长。然后，你可以把注意力转向优化库存组合。

顾问式销售者减少库存的最好方法通常是通过产品线"瘦身"。分销商产品线中的物品种类几乎总是太多。库存中物品种类太多，可能会导致分销商的销售重点分散，管理成本增加，还会由于陈旧或变质引起浪费。当然，这还会导致库存成本增加，保险费用增加，以及投资时间过长。

要对分销者的库存进行分析，你可以简单地按照销售成本把产品排序，然后计算其周转率。具体分析方式如下：

◇ 产品 A、B、C 和 D 占销售成本的 57%，但只占库存的 34%。这些商品的年均库存周转率为 6.2%。

◇ 产品 E、F、G、H、J 和 K 占销售成本的 43%，但却占库存的 66%。这些商品的年均库存周转率仅为 2.4%。

表 8-2 中的库存周转率分析说明了分销商保有库存的成本。通过把库存保有成本与预计销售额进行对比，你可以更精确地了解分销商应该保持什么样的库存水平。前四个产品显然控制得很好，它们的平均周转率为 6.2%，平均保有成本是销售额的 1%。现在你知道你必须集中精力减少那些平均周转率只有 2.4%，而平均保有成本占销售额 2.6% 的库存。这有助于把分销商的库存降至 82 000 美元的水平，而这又有助于实现预测的 4.5% 的库存周转率。

表 8-2　库存周转率分析

产品	占销售额的百分比	平均库存额	平均百分比	周转率	保有成本占销售额的百分比
A	15%	$ 7 000	7%	8.2%	0.8%
B	17%	$ 9 000	9%	7.0%	0.9%
C	14%	$ 11 000	11%	4.7%	1.3%
D	11%	$ 7 000	7%	5.8%	1.1%
小计	57%	$ 34 000	34%	6.2%	1.0%
所有其他产品	43%	$ 66 000	66%	2.4%	2.6%
合计	100%	$ 100 000	100%	3.7%	1.7%

迁移初始销售

通过顾问式销售渗透关键客户是一个互惠的过程。初步建立合作伙伴关系使得你可能初次进入高层。一旦进入高层，合作伙伴关系应继续快速发展，以便初始销售以外的迁移机会向你敞开。初步建立合作伙伴关系的目的是为了获得准入。进入的目的是迁移，是从你的突破点以不断扩展的广度和深度渗透到客户的业务。而迁移的目的是一次又一次地增长客户的业务和你的业务。

除了具有提供持续高利润的销售机会这一明显的好处，迁移还具有其他几个益处。它可以帮助分摊在数据收集方面的投资；有助于发展客户业务的新信息源；传播对你顾问式定位的认识；有助于避免竞争对手乘虚而入，使其不能插手一个你能解决也应该解决的问题；有助于防止伙伴关系破裂。

有些迁移是自然而然发生的——一个问题的解决方案逐步导致另一个问题的发现，或者一个部门的解决方案激发客户的兴趣，看其是否有可能用来解决另一个部门的类似问题。还有一些迁移是主观努力的结果，你需要在客户业务的每个角落寻找机会，依靠你在客户业务流程方面的智慧，确定最有潜力的领域来探索。

深入渗透客户业务的目标是用你的主要产品、服务或系统服务客户的所有主要需求。这个概念可以称为"客户份额"（share of customer）最大化，但这不单单是一个量的标准，它还是一个衡量你参与重要程度的标准。如果参与程度很高，你就可以成为客户利润增长的首选供应商。深入渗透与渗透重要业务领域密不可分。迁移必须要有选择性，其目的是巩固你在能影响的最重要的业务部门上作为利润增长者的地位。

理想的迁移时间表能够把一项业务的利润增长变成另一项业务利润增长的出发点。这样做，你可以从每一个经验中获取最大的学习价值。同时你也可以避免过于分散资源以至于无法应对。一定要记住，这种迁移是双向的。取得一次重大成功以后，人们会允许你再尝试一次。而在一次重大的失败之后，人们就不允许你尝试任何事情了。

销售者应当把安装初始系统看成是为后续销售机会埋下种子，而不是销售的终结。一旦销售成功，顾问式销售者就获得了一项重要资产：一个更能让你赚钱的客户。通过三种类型迁移中的一种或多种方法，你可以额外提高客户利润，从而使客户进一步受益。你可以提议为初始系统补充增值。也许在原来的系统被批准时，由于一些财务上的原因有些价值可能被牺牲掉了，或者只有在安装系统以后，更大的需求才变得明显。第二种后续方法是提议升级原有系统。第三种方法是把全新的互补系统与初始系统整合。

这些提高利润的机会并不相互排斥。你可以对同一客户按顺序使用所有三种方法。首先，你可以补充初始系统。然后过一段时间，你可以升级原有系统的一部分。最后，你可以将一个互补的新系统与原来的系统整合。你可以重复这种销售方式：建议补充新系统，然后升级新系统，最终把第三个系统与前两个系统整合。

下面的总结说明了这一循环策略。这一策略始于初始系统已建立并已经在为客户产生预定的利润增长效益。

第一个周期

1. 补充初始系统。
2. 升级初始系统。
3. 将互补的新系统与初始系统整合。

第二个周期

1. 补充新系统。
2. 升级新系统。
3. 将第二个互补系统与现有的系统整合。

第三个周期

重复第二个周期并加快周转速度。

　　顾问式销售者与关键客户关系的增量价值很容易计算。在任何时候它都是顾问式销售者所有 PIP 收益的总和。每一项提案都应该是成功的，但在大多数情况下，需要的只是稳定、适度的成功。

　　每一项提案本身都应该是成功的。除此之外，它还应该自然而然地引起下一个成功的项目。随着你对利润增长的贡献在增值链中不断积累，你是在建立资产。这一资产由你已经在每个客户中植入的 PIP 组合的价值组成。工作干得好的回报就是更多的工作机会。当每一次成功之后客户让你留下来再一次尝试提高利润，他们其实是在承认一种顾问式合作伙伴关系。与所有的合作伙伴关系一样，盲目的信任容易使基准值出现偏离而被忽视，所以，成功之后还需要保持清醒的头脑。

第 9 章
发展你的 "假定推测能力"

为客户方合作伙伴提供源源不断的投资机会（或者更确切地说是投资回报机会）的能力是驱动顾问式销售的发动机。销售提案意味着商机，它们能为你和你的客户赚钱，还能使你通过接触客户业务方面的新信息保持良好的学习状态，同时也能使你们的合作关系积极、活跃、充满活力。你始终应当有至少三个处于不同发展阶段的销售提案。你正在着手的提案应当 "在桌上"，第二个应当 "正在烤箱里加热"，第三个应当 "在冰箱里等着解冻"。

放在烤箱和冰箱里的提案代表你的库存。在把这些库存销售出去之前，它们会为你和客户带来机会成本。你应当尽早将它们出手。

顾问式销售者会不断地诊断问题和机会，以及 "假定推测式" 解决方案。当顾问式销售者向客户问 "假如……怎么样" 实际上是在邀请他们跟你玩战略上的乒乓游戏。每一个 "假如……怎么样" 应当引起客户根据提案或围绕提案发问 "如何" 或者进一步发问 "假如……怎么样"。把提案以问题的形式呈现，你便在很大程度上绕开了会导致对抗性拒绝买入的抵触情绪。相反，你把提案敞开，邀请他们参与进来，这样就能让客户为提案增加价值，并在一定程度上使提案变成他们自己的提案。除非通过这种方式把提案变成 "他们自己的提案"，否则他们不会与你结案。只要你的提案仍然是 "你自己的提案"，你仍然只是一个推销者。

举例来说，顾问式销售者可以问一个连锁超市："**假如你们每个星期能够获得价值 50 万美元的定单，而不产生任何销售成本，你感觉怎么样**？如果能消除干麦片货区一种畅销品牌断货的机会成本，你们是可以做到的。"

顾问式销售者也可以这样问同一家连锁超市。

How to say

假如每个星期你们能够比竞争对手为顾客提供更多的广告特价商品，这会怎么样？此外，假如每一种特价商品，你们还能提供更多的价格优惠，这会怎么样？这每年能为你们带来多少新销售额和新利润？挣的每一块钱都是净收益，因为每一种特价商品的成本全部由我们负担。

支持我们所做贡献的资金来自每个商店每年节省下来的 9 万多美元。

就每个店来说，运营成本如下：一个每周销售总额为 14 万美元的商店，每个月预计能节省大约 7 650 美元。

假定推测能力是持续改进的驱动器。从来没有什么成本收益分析或 PIP 本身是不可变更的。顾问式销售者就像一级方程式赛车手，他们喜欢鼓捣东西，总是不停地在测试，以获得最佳效果。对于一级方程式赛车来说，刹车总是得检测，此外还有轮胎、发动机和转向装置。对顾问式销售者来说，需要不断检测的是投资和投资回报、净现值和投资回收期。

当客户问你如何把你提出的价值增加到其运营中的时候，他们便开启了你的顾问式销售之旅。这就回答了"该如何开始顾问式销售"这一问题。答案是，不用你去开始，在顾问式销售中，客户会去开始销售。

"如何"是一个神奇的开始工具。它有不同的表达形式。有些是不用语言表达的，比如上扬的眉毛、皱起的额头、撅起的嘴唇、怀疑的神色，或者是点头、手指拉拽鼻子和耳垂、双手支撑下巴或抱在脖子后面，以及身体向前倾斜都是表达"如何"的方式。

用语言来表达的话，"如何"可以直接问，也可以间接问，例如，表达对你提高了其利润的其他客户的羡慕；或表达他们对理想解决方案的愿望和要求，以及你提出的解决方案与理想解决方案比起来怎么样；或者以"是的，但是"这一反应表达对什么不放心。

一个恰当的"如何"通常假冒问题的形式出现，其目的是为了检验和探查你的解决方案、你的经验和你的承诺。客户也可能想知道他们的竞争对手在做什么（"我想知道这个他们是怎么做的"），或者想知道他们自己的人为什么没有在很早以前应用类似的解决方案。

在构想提案的"假定推测"早期阶段，故意唱反调的销售经理是非常有价值的 PIP 合作伙伴。

How to say

销售经理可能会问："你想建议这些客户在我们这里投资价值 1 百万美元的新设备——为什么？"

你可以回答："假如这足以提高他们的生产能力，使其能够招揽一个新客户，为其带来 100 万美元的销售增量，这会怎么样？这能使他们的利润增加 2.5 万美元。你看，我是在用一个客户来说明一个客户的力量有多大。"

销售经理可能会问："首先，客户有这样的潜在客户吗？其次，你有什么证据能说明这样做的收益将完全抵偿增加的成本，并获得你承诺的那么多利润？"

"如果客户 100 万美元增量投资的最低可接受回报是 20%，那么以 25% 的利润回报与一个新客户成交是不错的买卖。这就是我们真正要销售给他们的东西：来自一个他们无法以其他方式来服务的新客户的收入。"

在着手 PIP 之前，顾问式销售者应确保自己能够通过以下三项检测。

1. 我们能使该经理的绩效更加接近其关键绩效指标吗？如果可以的话，能提高多少？需要多长时间？

2. 在成本效益方面，我们能超过该经理的其他解决方案吗？如果可以的话，超出多少？需要多长时间？

3. 我们能持续不断地提高该经理的绩效，使他跟上其逐步升高的关键绩效指标（KPI）的目标吗？如果可以的话，逐年提高多少？每一年需要多长时间？

瞬间生成 PIP

把提案创制过程自动化可以使你很容易连续生成一系列的 PIP，这能把你作为一个利润增加者的工作效率提高百倍，同时也把你的

PIP 周期降低至接近零。PIPWARE 软件能使你"一分钟生成一个 PIP"。"假定推测"的一次新迭代（iteration）用 60 秒钟就能完成，而且格式非常专业，且符合商业规范，那么几乎"在电脑屏幕上就可以直接结案。"

表 9-1 说明了 PIPWARE 软件如何自动计算成本和收益。

表 9-1 PIPWARE 成本收益分析

成本收益分析							
[000]	第 0 年	第 1 年	第 2 年	第 3 年	第 4 年	第 5 年	合计
总支出（现金净流出）	[$ 6]	[$ 296]	[$ 473]	[$ 364]	[$ 299]	[$ 299]	[$ 1 737]
总收益（现金净流入）		$ 2 131	$ 2 131	$ 2 131	$ 2 131	$ 2 131	$ 10 655
毛利润增长	[$ 6]	$ 1 835	$ 1 658	$ 1 767	$ 1 832	$ 1 832	$ 8 918
扣除税收	$ 2	[$ 642]	[$ 580]	[$ 618]	[$ 641]	[$ 641]	[$ 3 121]
净利润增长	[$ 4]	$ 1 193	$ 1 078	$ 1 148	$ 1 191	$ 1 191	$ 5 797
现金流	[$ 1 354]	$ 1 463	$ 1 450	$ 1 412	$ 1 389	$ 1 389	$ 5 748
累计现金流	[$ 1 354]	$ 109	$ 1 559	$ 2 970	$ 4 359	$ 5 748	
净现值	[$ 1 354]	$ 1 330	$ 1 198	$ 1 061	$ 949	$ 862	$ 4 045
内部收益率	103.8%						

投资回收期（月）：12

税率：35%

最低预期收益率：10%

折旧方法：加速折旧法（MACRS）

摊销方法：直线法

页码：	成本收益分析	◀	◀	▶	▶	编辑	预览	提交	退出

PIPWARE 提案是随时可以结案的资金配置请求。它展示出每一个提案的业务适切性以及对业务目标所做的贡献，这是因为净利润的提高以及年度现金流加速了业务目标的实现。PIPWARE 还能用资料证明客户利润增长的所有来源、收益提高和成本节约分别贡献的数额、客户投资的收益率和投资回收期。

PIPWARE 的成本收益分析与客户从内部申请资金一样，按照下列顺序进行。

1. 投资，即成本收益分析中的"成本"；这包括购置你提供的产品、服务或系统的成本。如果客户投资采用收益分享的方法，那么供应商分享的数额应纳入成本收益分析表中的"总支出"这一项，或者可以把它作为共同管理的分成单独列出，从税后净利润中扣除。

你如何确定 PIP 第一行中的最佳客户投资？一个简单的方法就是运用你的基准值，过去将类似的解决方案应用于类似的客户业务，客户需投入多少资金。另外，一个安全的经验法则就是，一项最佳投资产生的内部收益率不低于客户增量投资最低预期收益率的两倍，但不超过100%。更低的内部收益率不能激发客户兴趣，而更高的内部收益率意味着你放弃了自己应得的利益。

2. 收益，这包括所有来自增量销售收入和投资中因通过减少劳动力、材料、维修、废品和停工期所节省的成本而产生的未来现金流。

3. 收益率，即收益与投资的比率。

成本收益分析不是为了证明成本的合理性（推销者常这样做，以粉饰其成本）。在顾问式销售中，任何成本都无需证明是合理的。因为顾问式销售者认识到收益大于成本，所有的成本都变成了当前资金的投资，这些投资产生的未来现金流偿付投资并不断累积产生利润。正回报意味着成本为零。

每个 PIP 都由三个变量组成，它们之间相互作用，相互影响。一个变量的变化会引起另一个变量的变化。最终呈现给客户的 PIP 代表着这三个变量的最佳分配。

◇ 如果投资被视为成本过大，减少投资能使投资回收期提前，但会导致投资收益减少。

◇ 如果投资回收期被视为太长，缩短投资回收期就得减少投资，导致投资收益减少。

◇ 如果投资收益被视为太少，提高投资收益就得增加投资，导致投资回收期延长。

PIP 必须先满足以下三个条件，才能提请结案。

1. 不延迟投资回收期和收益期，解决方案的净现值无法提高。
2. 不延迟投资回收期和收益期，内部收益率无法提高。
3. 不把投资量降低至投资收益最大化水平之下，投资回收期无法提前。

通过 PIPWARE 软件，你和客户可以以下列方式实时预览利润项目在整个商业周期中每一个备选提案的每一种可能后果。

◇ 假如我们把投资分散到两年或更长时间，而不是全部集中到第一年——那样我们的项目是不是更容易得到资金？

◇ 假如我们削减第一年的投资来缩短投资回收期——那样我们的提案是不是更容易结案？

◇ 假如我们连续进行一系列短期投资项目，将其收益用于再投资，以便我们能够为后面的每一个项目自筹50%或更多的资金——这样我们是不是更有可能被批准？

PIPWARE 软件再现顾问式销售者的思维过程，从开始瞄定销售线索一直到与客户就问题的最佳解决方案或问题代表的机会达成一致。PIPWARE 软件的内置思路是这样的："我能融入客户的哪些战略性业务目标？在我能影响的业务线或业务部门中，我必须改进哪一项运营才能为这一目标做出贡献？衡量与我合作的客户方经理绩效的收益指标或成本指标是什么？至少需要提高多少才能为该经理带来明显的竞争优势？实现这一增长最具成本效益的解决方案是什么？"

把每一个 PIP 与客户的某个战略目标结合起来，你就能参与到他们的业务当中。事实上，你是在传递以下的信息。

How to say

你的业务战略使你致力于为几项新的产品线延伸从内部筹集资金。这里有一个符合成本效益的方法，在未来五年能给你带来 250 万美元的增量现金流。这足以支付你的研发成本以及三项产品线延伸试销成本的 1/3。

业务适合性应该尽可能落实到具体的客户。例如，如果你向美国铝业公司提出利润增长提案，当时保罗·奥尼尔（Paul O'Neil）任公司董事长。你在公司的一份年度报告中读到总裁的一封信，信中说该公司正在压缩资本支出，试图全面降低成本。这种情况下，你应当像以下这样呈现你的 PIP 才能与客户的目标相吻合。

How to say

本提案将加速实现美国铝业公司（Alcoa）的战略性业务目标：提高销售收入；提高固定资产周转率但不增加资本支出；同时降低单位成本。

高利润率基于高价值

顾问式销售为产品、服务和系统制定高利润空间价格的能力可以从成本收益分析中得到证明。成本收益分析的目的是得出客户的经济收益，经济收益能驱动成本，而成本由产生收益所需的投资组成。在成本收益关系中，客户的投资取决于供应商能带来的收益。收益是客户支付费用的原因，而不是结果。

表 9-2 和表 9-3 说明假定推测（what-iffing）能使投资与投资收益相称。这样在客户得到很高利润的同时也确保了供应商的利润。

表 9-2　假定价格 25 万美元　成本收益分析

[000]	第 0 年	第 1 年	第 2 年	第 3 年	第 4 年	第 5 年	总计
	月	月	月	月	月	月	租赁
投资（资本化/摊销）							
推销费用							
软件 1	($250)	($25)	($25)	($25)	($25)	($25)	($375)
小计	($250)	($25)	($25)	($25)	($25)	($25)	($375)
总资本/摊销	($250)	($25)	($25)	($25)	($25)	($25)	($375)
投资（支出）							
支出							
咨询	($250)	($100)	($100)	($100)	($100)	($100)	($750)
小计	($250)	($100)	($100)	($100)	($100)	($100)	($750)
租赁成本		$0	$0	$0	$0	$0	$0
折旧:		$0	$0	$0	$0	$0	$0
摊销:		($55)	($60)	($65)	($70)	($75)	($325)
总支出:	($250)	($155)	($160)	($165)	($170)	($175)	($1 075)
收益（净现金流入）							N
收入增长							

（续表）

[000]	第0年	第1年	第2年	第3年	第4年	第5年	总计 租赁
收入增长		$4 000	$11 200	$20 560	$26 644	$33 641	$96 045
小计		$4 000	$11 200	$20 560	$26 644	$33 641	$96 045
节约成本							
节约成本1		$480	$624	$811	$933	$1 073	$3 921
小计		$480	$624	$811	$933	$1 073	$3 921
总收益:		$4 480	$11 824	$21 371	$27 577	$34 714	$99 966
利润增长（PI）							
毛利增长	($ 250)	$4 325	$11 664	$21 206	$27 407	$34 539	$98 891
扣除税收	$100	($1 730)	($4 666)	($8 482)	($10 963)	($13 816)	($39 556)
净利增长:	($150)	$2 595	$6 998	$12 724	$16 444	$20 723	$59 335
加回折旧:	($250)	$30	$35	$40	$45	$50	($50)
现金流	($400)	$2 625	$7 033	$12 764	$16 489	$20 773	$59 285
总现金流	($400)	$2 225	$9 258	$22 022	$38 511	$59 285	$59 285
净现值	($400)	$2 386	$5 813	$9 589	$11 262	$12 899	$41 550
内部收益率	798.1%						
投资回收期（月）	2						

（续表）

表 9-3 假定价格 100 万美元

推销方法：直线法

税率	40.0%
最低预期收益率	10.0%

成本收益分析

[000]	第 0 年	第 1 年	第 2 年	第 3 年	第 4 年	第 5 年	总计
投资（资本化推销）							
推销支出							
软件 1	($1 000)						($1 000)
小计	($1 000)						($1 000)
总资本化推销	($1 000)	$0	$0	$0	$0	$0	($1 000)
投资（支出）							
支出							

租赁

N

（续表）

| [000] | 第0年 | 第1年 | 第2年 | 第3年 | 第4年 | 第5年 | 总计 |
		月	月	月	月	月	租赁 N
收益（净现金流入）							
收益增长		$2 000	$7 000	$13 940	$17 362	$21 430	$61 732
收益增长		$2 000	$7 000	$13 940	$17 362	$21 430	$61 732
小计		$2 000	$7 000	$13 940	$17 362	$21 430	$61 732
节约成本		$480	$624	$811	$933	$1 073	$3 921
节约成本1		$480	$624	$811	$933	$1 073	$3 921
小计		$480	$624	$811	$933	$1 073	$3 921
总支出：							
主要软件		($200)	($200)	($200)	($200)	($200)	($1 250)
咨询	($250)	($100)	($100)	($100)	($100)	($100)	($750)
小计	($250)	($200)	($200)	($200)	($200)	($200)	($500)
折旧：		$0	$0	$0	$0	$0	$0
租赁成本		$0	$0	$0	$0	$0	$0
小计		($200)	($200)	($200)	($200)	($200)	($1 000)
推销：		($400)	($400)	($400)	($400)	($400)	($2 250)
总收益		$2 480	$7 624	$14 751	$18 295	$22 503	$65 653
利润增长（PI）							

（续表）

租赁

[000]	第0年	第1年	第2年	第3年	第4年	第5年	总计
毛利增长	($ 250)	$ 2 080	$ 7 224	$ 14 351	$ 17 895	$ 22 103	$ 63 403
扣除税收	$ 100	($ 832)	($ 2 890)	($ 5 740)	($ 7 158)	($ 8 841)	($ 25 361)
净利增长：	($ 150)	$ 1 248	$ 4 334	$ 8 611	$ 10 737	$ 13 262	$ 38 042
加回折旧：		$ 200	$ 200	$ 200	$ 200	$ 200	$ 0
现金流	($ 1 000)	$ 1 448	$ 4 534	$ 8 811	$ 10 937	$ 13 462	$ 38 042
总现金流	($ 1 150)	$ 298	$ 4 832	$ 13 643	$ 24 580	$ 38 042	
净现值	($ 1 150)	$ 1 316	$ 3 747	$ 6 620	$ 7 470	$ 8 359	$ 26 362
内部收益率	240.5%						
投资回收期（月）	10						
税率	40.0%						
最低预期收益率	10.0%						
推销方法：直线法							

155

　　上述两个表格是"假定推测"价格策略的连续迭代。在两种情况下，供应商是同一家协作软件系统提供者，该系统允许位于不同地域的产品开发人员使用他们的企业内部网，以"更快的速度和更低的成本"合作开发出"更多更好的新产品"。最终的成本收益分析是即将呈给制造商新产品开发经理的 PIP 的发动机。

　　需要量化的收益主要是让经理即将问世的产品比竞争对手的产品更快面市所增加的收入。这样由于有早期采用者，销量更大，利润更高。而由于合作，产品性能接近最佳，因此能为客户贡献更多的利润。创新周期缩短预计能节约成本。而设计和工艺更加优越的产品应能降低销售成本。

　　两次迭代分析都假设客户在第一年的收入比客户最初预测的 2000 万美元提高了 20%，第二年和第三年均提高 30%。到第四年和第五年，由于竞争性复制和陈旧过时开始侵蚀净现值，增长率降至 15%。

　　利润也预计在第一年比原计划提高 10%，到第二年和第三年这一比率下降到 5%，此后每年降至 3%。

　　表 9-2 中的分析依据的是每个系统 25 万美元的价格加上年度维修、升级和咨询费用。这样一来五年总收益将近 1 亿美元，客户的内部收益率为 798%。

　　798% 的内部收益率简直就是慈善捐赠，而不是商业交付物。在表 9-3 的第二次迭代中，系统定价为 100 万美元，是表 9-2 中客户投资的四倍。五年的总收益减至 66 亿美元，内部收益率为 240%。

　　虽然总支出多了一倍，投资回收期也延长了八个月，但表 9-3 说明即便价格为 100 万美元，供应商的 PIP 仍然很合算。这样，供应商可以有以下三个选择。

1. 供应商可以接受客户 25 万美元投资带来的相对较低的利润率。由此产生的 798% 的内部收益率证明没必要这样做来推动销售，因为这比客户的最低预期收益率高出了 788%。

2. 供应商可以向客户收取 100 万美元的价格，这样仍然比客户的最低预期收益率高出 230%。

3. 供应商可以把价格定在 25 万美元和 100 万美元之间，并附加一个增量收益分享计划，把这个作为额外利润。

顾问式销售使用的浮动价格给了这一供应商以及所有的供应商很大的获利灵活性。只要这个内部收益率在三位数的低值浮动能够证明投入的每一美元能获得别的方式下无法获得的收益率，那么就算做到了公平。

计划快速渗透

目标是计划的目的。策略是实现目标的方法。在顾问式销售中，策略包含在 PIP 中。每一个提案都代表着一个通过解决成本和销售问题来提高客户利润的策略。如果客户是不以盈利为目的的组织或者政府机构，那么提案的策略就侧重降低成本，提高生产率的货币价值。无论是哪种情况，混合策略必须对客户的利润或运营绩效或是两者产生可以衡量的影响。

PIP 就是渗透策略的销售工具。其目的是从高层入口渗透客户业务。每一个提案都包含解决客户一个特定问题或实现特定机会的策略。每年的提案贡献的利润的总和就是顾问式销售带来的增值价值。

许多推销者仍在否认这一现实。在摩托罗拉公司，移动用户组的吉米·凯勒（Jim Caile）仍然试图"想方设法把价值放回到硬件中"。摩托罗拉的双向无线电设备人员也在这样做，虽然价值早已脱离硬件，已被商品化并迁移到客户运营中。在康明斯公司（Cummins）的一家工厂，摩托罗拉以 10 万美元的低价打折销售其车间无线电设备。在前 12 个月，通过加快维修以及重新分配原材料和劳动力，康明斯节省了 120 万美元的停机成本。摩托罗拉销售的是无线电设备的性能价值，而不是应用无效电设备带来的财务价值。作为回报，摩托罗拉只拿到了无线电系统以 12 :1 价值投资比为利润增长所做贡献的一小部分。

顾问式销售使得推销式销售变得过时。即使推销者"赢得了"向高层销售的权利，他们没有什么东西可以销售。如果一个客户方经理开口便问："你有什么要卖给我？" 推销者典型的回答就是一个没有价值的价值主张。该价值主张无法为投资定价，因为它无法对收益进行估价。

NCR 公司就提供了一个没有价值的价值主张。它不能使投资的定价超出成本很多，因为它对收益的估价不能超过投资。结果，它只能叙述价值，而不能把价值货币化。NCR 公司提供一个 "知识渊博、安全可靠、具有丰富经验和创新精神的合作伙伴"。NCR 公司 "无与伦比的知识和专业技能" 对客户有什么价值？做出 "可靠选择" 的增值价值是什么？NRC 公司没有说这些。

数码设备公司（Digital Equipment）指出了自身的一些特点，这些特点有可能使价值成为可能，但其本身不能贡献任何量化价值。这是典型的无价值提案如下：

◇ "良好记录"；
◇ "可靠可信"；
◇ "相当强的专业知识"；
◇ "多种多样的能力"；
◇ "以个性化方法对待客户需求"；
◇ "承诺实施"。

一个数字（客户运营对利润的贡献最有可能提高多少）胜过所有这些文字。而且，这才是真正的价值主张。

你需要完成下列三个步骤才能提出利润增长主张。

1. 分析客户的业务状况。
2. 定位渗透策略。
3. 找准提案机会。

分析客户的业务状况

客户的业务状况决定着你的销售策略。每一种状况代表一种不同的渗透挑战。

1. **渗透成长型客户**。成长型客户受销售驱动。如果你想影响销售部门，你就必须提高其生产率，这样每一笔销售才能产生更多利润或者才能从增量销售获得额外利润。如果你不能影响销售，只能够降低成本，那么你必须对你为客户节省的成本支持更多销售的能力进行估价。你的整个渗透策略必须致力于通过提高销售量来提高客户的利润。

2. **渗透成熟型客户。**成熟型客户同时受两个不同方向的驱动。销售量必须提高，但前提是这不要求增加成本。如果预计的销售量未能实现，那么客户的稳定性就会受到威胁。成本必须降低，但前提是这不会使销售量或市场份额下降。如果销售量下滑，那么客户的稳定性同样会受到威胁。你的渗透策略可以致力于通过提高销售量或者通过降低成本来提高利润，但是在这一过程中必须避免成本提高或销售量下降这些无法承受的风险。

定位渗透策略

分析客户业务状况的目的是能够根据客户的具体情况有针对性地制定销售渗透策略。对于一个成长型或成熟型客户，你必须以销售利润增长者的身份出现。对于一个衰退型客户，你必须以成本降低者的身份出现。

除非你的销售定位与客户的业务状况相吻合，否则你永远无法与客户建立利润增长伙伴关系。客户不会明白你的提案从何而来。而你呢，对客户的目标缺乏了解，不知道客户想要干什么。在互不了解的情况下，你们将各说各话；你实际上是在给自己提议。

为了确保你的销售定位与客户业务状况一致，你的渗透策略之前应该加上一个定位声明。下面是一个定位声明的范例。

Skill

当我们对 ABC 公司的 XYZ 分公司的生产部门稳定的业务进行渗透时，我们把自己定位成生产副总裁的利润增长合作伙伴，主要通过我们的质量控制系统降低成本来提高利润。我们还表明产品质量提高可以（通过增量销售来）提高利润。

找准提案机会

客户不能降低成本，客户需要提高可盈利销售量，这些都是业务问题。因此，这些问题可以成为你的提案机会。要想找到这些机会，你必须能识别这些机会，并为这些机会以及最具成本效益的解决方案赋予货币价值。

渗透关键客户的机会有一个特殊的成因。提案机会不会仅仅因为客户有一个问题或者因为你有相应的解决方案而自动出现。发现不等于机会。要确定提案机会是否存在，你首先必须分析三个特定的货币价值。

1. **客户问题的货币价值**。这一价值有多重要？它正在对客户的利润造成重大负面影响吗？值得花不少钱解决问题吗？

2. **你的解决方案带来的利润的货币价值**。既包括拨归给你的利润，也包括拨归给客户的利润。这些利润有多重要？什么时候开始盈利？需要多长时间才会实现全部利润？

3. **你的解决方案成本的货币价值**。既包括你负担的成本，也包括客户负担的成本。这些成本有多重要？是预先支付，还是用解决方案提高的利润一点一点地支付？

提案机会就是入口。你应当把他们看作机会窗口。一旦满足下列条件，机会窗口就将向你打开了。

1. 你的解决方案带来利润的货币价值超过客户问题的货币价值。

2. 你的解决方案带来利润的货币价值超过你的解决方案成本的货币价值。

3. 你的解决方案带来利润的货币价值超过其他竞争性解决方案带来利润的货币价值。

第一个条件确保客户的问题值得解决，也就是说解决这个问题是有益的。第二个条件确保解决问题是有利可图的。第三个条件确保你的解决方案是首选解决方案。所有三个条件都把提供证据的责任不折不扣地推给了你——也就是说，你得具备针对你能影响的业务部门中

客户存在的问题制定最有利可图解决方案的能力。这是顾问式销售的
最高绩效标准。

设计解决方案系统

顾问式销售者的解决方案能提高客户利润的多少与顾问式销售者
设计增值价值的技能成正比。

第一次设计出正确的解决方案系统的能力取决于三个因素：第一
个因素是顾问式销售者的经验，第二个因素是专业技能，第三个因素
是解决客户的业务问题以及帮助客户利用机会的能力——换句话说就
是帮助客户提高利润。

一个解决方案系统的综合优势就是它所带来的惟一效益：应用解
决方案的客户业务运营利润的增长。这一效益部分取决于系统的价
格，同时也取决于系统的投资收益率。一个系统产生高于价格的投资
收益率的能力赋予其溢价能力。

为使客户获得高收益率而设计系统，以及为系统定价，是顾问式
销售两项最为艰巨的任务。两者的共同作用决定了系统对客户的价值
以及客户从解决方案中获得的利润。因为系统设计和系统定价同时直
接影响价值和利润，所以这两项活动是顾问式销售者销售能力的
基石。

当解决方案的溢价在增值价值方面被认为是实现客户绩效目标最
具成本效益的投资时，解决方案的设计和定价绩效标准就达到了。达
到了绩效标准，一个最好的提案也就产生了。

为了使系统为客户带来的利润以及为你带来的利润最大化，系统
中应当有周转的部分——也就是说系统的一个或多个组成部分应是消
耗品。这样你就可以通过为你的业务提供持续的收入来源，以及通过
持续参与客户业务，来为产品相关服务和消耗品创造持续的剃刀和刀
片式市场。

系统设计的一个基本原则是：**利润最大化，硬件标准化，服务、
软件和消耗品客户化**。如果系统的非硬件组成部分被客户化，系统的
溢价贡献就可以加速。如果消耗品周转率高，并获得溢价，利润就能

最大化。

决定提供哪个系统

对于确定在两个或多个系统中向客户提供哪个系统以及如何给系统定价，投资收益率方法是最有效的工具。下面通过两个竞争性系统来说明如何进行选择。

1. **系统 A** 预计能提高客户销售量 20 万美元，并获得 10% 即 2 万美元的销售利润。客户需要投资 10 万美元。

2. **系统 B** 预计能提高客户销售量 30 万美元，并获得 10% 即 3 万美元的销售利润。客户同样需要投资 10 万美元。

从 10% 的销售利润这一点来说，两个系统看起来值得投资。但是就每个系统使用的资金所获得的收益来说，系统 B 优于系统 A。就系统 B 来说，10 万美元的资金可以带来 3 万美元的利润——30% 的收益率。而系统 A 同样用了 10 万美元的资金却只能带来 2 万美元的利润，收益率为 20%。

两个系统的区别在于提高的销售量与所用资金之间的关系。系统 A 使得其资本能够以 200% 的比率增值。而系统 B 使得其资本以 300% 的比率增值：它能使存货更快变成现金。

你可以用下面的速记公式来确定投资收益率：

$$\frac{利润}{销售量} \times \frac{销售量}{所用资金} = 投资收益率（ROI）$$

系统 A：

$$\frac{20\ 000}{200\ 000} \times \frac{200\ 000}{100\ 000} = 20\%（ROI）$$

系统 B：

$$\frac{3\ 000}{300\ 000} \times \frac{300\ 000}{100\ 000} = 30\%（ROI）$$

在这个简化的方法中，第一部分计算的是利润占销售量的比值，第二部分计算的是周转率。两部分相乘的结果就是投资收益率。投入于系统总资产、营运资产或个别资产组成部分的资金，其流通环节的任何改善都将对利润产生倍增效应。

系统的适销性取决于其竞争优势：提高客户利润所带来的增值价值。评价系统时，客户既单独评价、也对比评价。在客户的心目中，对客户的这一优势就是系统的优势。系统不仅仅为客户提供一个优势，而是"独具"这一优势，把它作为最重要的卖点。这就叫先发制人，即系统抓住自己独特优势的能力。

系统的竞争优势充当其市场选择机制。它通过两种方式选择客户。首先，它找出并限定最需要系统优势的细分市场；其次，通过以简明的方式描述系统的增量贡献，它开始代表系统。对客户的优势决定市场，同时也证明系统的能力。

系统对客户的优势必须符合以下三个要求。

1. 在至少一个方面，它必须比竞争性系统或什么都不做提供更多的增值。
2. 在其他所有方面它至少必须与竞争性系统相当。
3. 它不能在任何重要方面差于竞争性系统。

竞争优势可以是系统的一个特质，也可以来自系统的实施、维护、迁移或销售方式。系统需要什么样的质量？答案是，质量足以为客户提供这一竞争优势就足够了。从组件的总体质量而言，质量最好的系统或许不被认为能为客户带来最大的竞争优势。而顾问式销售者认为最低级的系统通常在客户看来独具优势。

竞争优势的概念不仅仅是对过度设计、过度包装或过度花费的抵制，虽然它有力地抨击了这三点。竞争优势实际上是从客户的角度设计系统。它为树立系统品牌提供了方向：抓住客户的偏好是因为客户利润得到最大限度的提高而不是因为顾问式销售者的系统构建得最好。

那些把带给其运营的经济增加值（Economic Value Added，缩写为 EVA）作为标准来决定购置什么或在运营中应用什么的客户，是那些其价值主张能增加客户 EVA 的顾问式销售者的现成合作伙伴。

经济增加值是两部分之和，第一部分减去第二部分就是增加值。

1. 税后净营业利润（Net Operating Profits After Taxes，缩写为 NOPAT），计算方法是把生产产品的成本与总务费用（general expenses）、销售费用（sales expenses）和管理费用（administrative expenses）（三者简称 GS&A）相加，然后把得数从销售收入中扣除。要想提高税后净营业利润对经济增加值的贡献，顾问式销售者的 PIP 必须提高销售收入或者降低 GS&A 三种费用或生产产品的成本。

2. 资本成本，即未偿付的应收账款加上存货。要想减少客户的资本成本对经济增加值的作用，顾问式销售者的 PIP 必须减少应收账款或存货。

除了提高销售收入对税后净营业利润的贡献，以及降低应收账款和存货对客户资本成本的影响，PIP 通过加速新产品开发、优化生产调度、减少废品和返工以及减少保修费用，也能够提高 EVA。

附录 A
客户方经理如何做出资本支出预算

当提出资金支出建议时，必须对资金项目进行评估，确定划拨资金会有什么样的经济后果，之后才能提交预算委员会审查或管理层批准。项目的经济后果如何描述才最好？下面有两个步骤：

第一步，把项目置于一个适用于所有项目（不管这些项目差别有多大）的标准经济模型下。

收益－成本＝现金流

用会计学术语来描述，该模型中变量的含义如下：

收益：来自销售和其他来源的预计现金收入；

成本：资产的非经常性现金支出加上经常性运营支出；

现金流：税后净收入加上折旧等非现金费用。

如果用传统的会计报表形式来表示，该模型中的符号含义如下：

加：预计的现金收入（收益）

减：投资现金支出和现金费用（成本）

合计：现金流

"收益减去成本"模型通常是在公司账户框架下建立的，由预测所根据的既定时间表作为支撑。

比较成本与收益

我们可以看到，在建立经济模型时，人们不再使用税后净收入这一传统的权责发生制会计概念。目前通行的标准是现金流——税后净收入加上折旧等非现金费用。

把现金流转换成相关的财务指标时，必须将整个生命周期内每一年的预计现金流转化成有效的财务指标，也就是每年的现金流必须转换成基准年的等值货币价值。这一概念与试图调整美元购买力的变化是不一样的。

该计算假设美元的购买力没有受到明显侵蚀。如果发生这种侵蚀，经时效调整的等值货币概念要求对未来货币款项真正价值（购买力）的下降进行调整。资金预算中的等值货币价值概念只用于调整时间价值，方法是运用贴现和现值的概念，这将在下一部分进行讨论。下面介绍如何构建一个两步骤模型来阐述该方法的原理。

第一步，我们建立经济模型：收益－成本＝现金流。要完成该模型，我们需要具体确定与该项目相关的所有经济收益和成本。收益的常见形式是销售收入和其他收入。成本通常包括固定资产的非经常性支出、营运资金投资，以及工资、原料和消费开支这些经常性支出。

对于项目涉及的每一项收益和成本，我们预测其在每一年的变化。我们需要预测多远呢？只要有关支出的决策继续有效，也就是说只要它还在产生成本和重大收益，对项目生命周期中的每一年都要进行预测。我们把决策年称为"第0年"，下一年为"第1年"，依此类推。如果决策影响未来很长时间，以至于预测几乎成了猜测，那么到一个规划周期，该模型停止预测。规划周期涵盖未来足够长的时间（10～15年）以确定该决定的基础是否正确。

预测成本时，我们只用一个简单的经济学概念：机会成本。某资源（资产）的机会成本就是公司因没有用另外一种方式使用它或没有把它换成另一种资产而遭受的损失。例如，如果现金有15%的税后盈利能力，那么我们就说现金有15%的机会成本。每当一项资产以现金支付形式购置，那么其机会成本当然就是为购置资产而付出的现金的机会成本。确定已拥有或控制的划拨资产的机会成本比较困难。如果划拨给一个项目的已拥有土地另一种选择是出售，那么其机会成本就是销售的税后收益。使用生产设备、交通工具或厂房设施的机会成本就是因为这些资源不能用于其他途径而损失的增量利润。如果已拥有的设施不用的话也是闲置，那么使用设施的机会成本就是零。虽然机会成本很难识别和衡量，但是如果我们想尽可能精确地描述某一决策的经济后果，就必须把它考虑进去。

在第一步的最后，我们有了项目生命周期模型，该模型显示项目每年预计现金流。在第二步，我们将这些结果转换成对制定决策有意义的财务指标。我们必须考虑投资决策的一个可以衡量的财务影响：时间。这在第一步中未加考虑。模型中不同年份的美元无法比较，因为时间使得它们具有不同的价值。我们清楚地认识到如果我们有机会投资，一年赚15%，同时我们可以选择今天获得1 000美元或者从现在开始一年后获得1 000美元，我们会选择今天，因为我们可以用这1 000美元投资来赚150美元。基于这个道理，一年以后的1 000美元不如现在的1 000美元值钱。这就要求对时间影响进行调整，使得不同年份的现金流具有可比性；调整时间影响的方法就是贴现。

投资可用资金的时间价值就是资金的机会成本。这不同于融资（债务或股本）成本，也不同于公司的平均收益率。与其他任何资源的机会成本一样，资金的机会成本就是，相对于把这些资金投资别处所获收益而言，公司把这些资金投资某项目会遭受什么损失。

资金的机会成本也可称为最低可接受利率、边际利率、最低收益率、边际收益率和资金成本。无论使用哪个术语，它们都不严格，可以互换使用。它们反映的是公司确定把这些钱用于其他途径可以相当有把握获得的比率。它源于管理层和控制者的共同努力，管理层确定相关机会，而控制者把管理层的判断转化为边际率。

另一个需要介绍的简单经济学概念是增量成本，有时也称作差量成本或边际成本。根据定义，它是扩大或缩小某项运营的决定所带来的成本（或收入）的变化，是总成本的差异。在进行资金预算分析时，我们只管增量成本（收入）。沉没成本或现有成本与评估和决策不相关。

确定现值

贴现是用来发现未来将要支付或获得的钱的当前价值或"现值"的一种方法。这一价值可以用下列公式计算：

$$未来钱数 \times 贴现因子 = 现值$$

贴现因子取决于资金的机会成本，由利率和时间段表示。表 A-1

说明贴现因子通常如何显示。贴现因子按照当前价值 1 美元的年利率分组，然后根据钱的到期年份排列。该表应该这样理解：如果 1 美元始终是每年获利 10%，那么到第二年年末，获得的 1 美元的价值就相当于现在的 86 美分。

表 A-1　利率 10% 的 1 美元现值

年份	现值（当前的价值）
0 ~ 1	$ 0.9 516
1 ~ 2	$ 0.8 611
2 ~ 3	$ 0.7 791
3 ~ 4	$ 0.7 050
4 ~ 5	$ 0.6379

要调整模型中时间因素对结果的影响，我们以公司的边际收益率贴现每一阶段的正向现金流和负向现金流，来确定它们的现值。贴现方法使得预测现金流在时间上相同。现在我们可以把这些预测现金流的现值相加得出净现值。净现值是衡量投资决策经济后果的一个非常有意义的方法，因为它衡量了所有的收益和成本，包括资金的机会成本。

提议的投资的净现值一旦确定，我们就可以决定是否应接受该投资。方法是比较接受投资和什么都不做或接受其他投资的经济后果。比较备选项目时遵循的一般原则是选择能够带来最高净现值的行动方案。

表 A-2 显示了一个典型提案投资一个新项目时现金流的预测方法和时间价值的计算方法，其备选方案是什么都不做，即保持流动性而不是投资。假定 10% 的贴现率是公司的边际率。

表 A-2　净现值计算方法

年份	收益	成本	现金流	10%贴现率 1 美元现值	贴现现金流
0	$ 0	$ (500)	$ (500)	$ 1.000	$ (500)
0 ~ 1	$ 425	$ (200)	$ 225	$ 0.952	$ 214
1 ~ 2	$ 425	$ (200)	$ 225	$ 0.861	$ 194

（续表）

年份	收益	成本	现金流	10% 贴现率 1 美元现值	贴现现金流
2～3	$ 350	$ (200)	$ 150	$ 0.779	$ 117
3～4	$ 250	$ (200)	$ 50	$ 0.705	$ 35
合计	$ 1 450	$ (1 300)	$ 150		$ 60 净现值

　　提议的项目在第 0 年将花费 500 美元，其后四年每年的运营现金支出是 200 美元。假设现金收益为正值，在这四年中会下降，且总数是 1 450 美元。现金流在投资年是负值，但是在随后几年是正值，而且在项目的整个生命周期有 150 美元的贴现前正向净现金流。把每年的预测现金流乘以每一时期美元的净现值，不同时期现金流的预测在时间上就一致了，这样调整了时间影响的现金流就可以算出来了，其净现值是 60 美元。提议的投资要好于什么都不做，因为所有的成本都抵消了，公司资金 10% 的机会成本也实现了。另外，该项目还将额外获得 60 美元的收益。

　　表 A-2 显示净现值为 60 美元。由于现金流和（或）贴现率不同，净现值也可以是负值或者为零。如果净现值为零，公司预计的收益正好等于 10% 的边际收益率。如果没有其他投资项目而且惟一备选就是不投资，那么净现值为零的投资可以接受，因为公司可以赚得边际收益率（正如后面的介绍中所说，净现值为零可以获得贴现现金流收益率，即 10%）。如果由于现金流不足净现值为负，假设管理层要求边际率同样为 10%，这就意味着该项目的收益率将低于 10%，因而项目会被拒绝。

　　资本预算中使用很多种评估方法；然而，在对所有的方法进行批判性的分析之后，我们只用这个简单模型中使用的计算方法来分析评估资本预算提案的三种方法：（1）现金回收期；（2）净现值；（3）贴现现金流收益率（discounted cash flow rate of return，缩写为 DCF-ROR），有时也称作"内部收益率"。

　　现金回收期经常被业务经理用来评估投资机会，但是现金回收期不衡量收益率，只衡量收回投资现金支出所需要的时间，以表明现金的风险。在我们的模型中，第 0 年投入的成本为 500 美元。要想确定回收期，我们只需把每年没有进行时效调整的现金流相加，然后确定需要多少年才能将支出收回。前两年收回了 450 美元。到第三年年末，收回 600 美元。通过插值计算，我们发现收回支出需要约 2.3 年的时间。很显然，一个理性的经理不会只为收回钱而投入一大笔钱。他期望获得与风险相称以及将资金用于其他潜在投资项目相称的收益率（机会成本）。在上面的例子中，计算出的回收期表明资金风险期较短，并且在回收期之后现金流继续。这一信息对整个项目的评估很有意义，但不是决定性信息。当我们计算对于投资非常关键的时效调整净现值（NPT）和贴现现金收益率（DCF-ROR）时，我们的模型会自动算出回收期。

现金回收期方法的一种形式是现金投资返还期方法。这种方法不仅考虑年度现金流（如表 A-2 所示），而且也考虑每年年末估计的资产清算价值。如果一个高度专业化的项目清算价值为零，那么现金回收期和现金投资返还期是相同的。但是在上面的例子中如果我们假设第一年末投资的清算价值是 275 美元，那么现金投资返还期就是一年（225 美元的现金流+275 美元的清算价值=500 美元的初始现金投入）。

我们认为这里介绍的净现值是确定投资决策经济后果的一个有效依据。许多企业经济学家把净现值作为是否决定投资的惟一标准。它同样适用于私人公司和公共机构。我们认为在整个分析过程中这是最重要的一个方法，但是我们倾向于把净现值与其他方法结合使用，而不是把它作为惟一标准。

计算收益率

现在我们来讨论贴现现金流收益率（DCF-ROR）的概念。它与商业上通常使用的投资收益率是完全不同的。传统的投资收益率是按累计收益计算一定会计期的收益；最初的成本被视为投资，虽然有时投资按最初成本的一半计算；计算长期收益率时不考虑时间价值。

我们要讨论的是一个完全不同的的收益率：贴现现金流收益率是把项目的净现金流折成零现值的利率。现在让我们把表 A-2 扩展成表 A-3。表 A-2 显示在贴现因子为 10% 情况下，净现值是 60 美元。而表 A-3 中加了一个 18% 的贴现因子，结果净现值为 0 美元。

表 A-3　贴现现金流计算方法

年份	现金流	10%贴现率 1 美元现值	贴现现 金流	18%贴现率 1 美元现值	贴现现金流
0	$ （500）	$ 1.000	$ （500）	1.000	$ （500）
0 ~ 1	$ 225	$ 0.952	$ 214	0.915	$ 206
1 ~ 2	$ 225	$ 0.861	$ 194	0.764	$ 172
2 ~ 3	$ 150	$ 0.779	$ 117	0.639	$ 96
3 ~ 4	$ 50	$ 0.705	$ 35	0.533	$ 26
合计	$ 150		$ 60 净现值		$ 0 净现值

贴现现金流收益率是 18%。按照定义，贴现现金流收益率是项目的收益率，其计算方法是找到税后现金流之和贴现后等于项目成本的利率。换句话说，收益率是项目投资能支付并达到收支平衡的最高固定利率。18% 是如何计算出来的呢？答案是通过反复试验。

有些分析师只使用净现值的方法，有些只使用贴现现金流收益率方法，还有一些分析师两种方法都用，互为补充。净现值的方法把资金成本作为基准，来确定现金流是正值还是负值。对超过现值数进行评估，然后做出判断。贴现现金流收益率的方法在计算中不考虑资金成本，根据总现金流确定收益率是多少。在上面的例子中这种方法的结果是把 60 美元的净现值转换成了一个百分率。这一百分率比计算净现值使用的 10% 超出了 8%。许多商业人士喜欢把 18% 这一个数字与已知的资金成本进行比较，来对一个项目进行评估，而不是描述该项目有超过资金成本 60 美元的净现值。这两种方法相互补充，在某些情况下，一种方法可能比另一种方法更能说明问题。

让我们再来看看这个特殊的贴现现金流收益率和传统意义上的收益率有什么区别。贴现现金流收益率以第零年为基期进行时效调整，这样所有的钱都基于共同的分母；贴现现金流收益率完全根据现金流来计算；投资是一个明确的时效调整价值；收益率计算的是投资整个生命周期的平均收益率。这句话的某些含义需要解释一下。

贴现现金流收益率是针对项目整个生命周期进行计算的，会计师计算的每年投资收益率不能用来检验一项新投资的成功与失败。如果一个项目的预期生命周期为 10 年，且它能与运营的其他方面隔离开来，那么，只有当项目的整个经济生命周期结束时，贴现现金流收益率才有意义。但是，在这种情况下，也可以通过分析实际现金流并将之与预计现金流进行对比，来逐年对结果进行监测。

贴现现金流收益率概念最让业务经理感到不安的一点是，其计算假设所有的现金流立即用于再投资，而且始终保持在使净现值为零的比率。表 A-3 中的例子使用的贴现因子是恒定 18%。另外一种情况下也可能很容易地计算 35% 的收益率，隐含的假设是以 35% 的收益率将现金流用于再投资。但是如果获利经验表明资金成本为 10%，我们怎么接受增量现金流能继续获得 35% 的收益率这一假设？

虽然一个公司的平均收益反映 10% 的资金成本，但是增量新投资可能需要达到 18%～35% 的收益率，以弥补未能实现预期收益的投资。收益率为 18%～35% 的投资机会与 10% 的平均收益率并不矛盾。但是，在我们的例子中如果感觉 18% 的预期收益率是千载难逢的暴利，而且找不到超过 10% 平均收益率的新机会，那么我们的贴现现金流收益率概念就遇到了麻烦——再投资收益率无法实现。在这种情况下，我们就得结合净现值和投资收益来这样解释：该项目 10% 的收益率将支付所用钱的机会成本，另外带来 60 美元的现金流。如果能找到同样规模的项目，使总现金流能够以同样的收益率用于再投资，那么项目的收益率（贴现现金流收益率）实际上就是 18%。而缺乏其他好的投资机会是对该项目全部收益能力的限制。

我们已经讨论了评估投资机会的三种方法、现金回收期评估钱的风险、现值根据钱的时效调整价值衡量投资支付机会成本的能力，并通过净现值来确定一个考虑中的项目将"获利"还是"亏损"。贴现现金流收益率是净现值概念的延伸。它把净现值转换成单纯的收益率。把收益率与资本的机会成本进行比较，可以为评估提供有效依据。

净现值和贴现现金流收益率的概念通过贴现方法把资本的机会成本考虑进去了，所以可以遵循这样一个原则：只要能支付机会成本，所有考虑之中的项目都可以接受。这一建议在理论上和实践上都是合理的，但是有三个因素需要考虑：你如何确定最低可接受收益率（资本的机会成本）以便选择合适的贴现因子？你怎么能假定资本供应没有限制，以至于所有有价值的项目都可以接受？分析计算结果时你如何把风险考虑进去？

运用资本成本原则

你如何确定贴现时使用的最低可接受收益率（资本成本）？这里使用的资本成本的概念与借贷成本是不同的。这或许是评估过程最为关键的因素。这一比率每个公司各不相同，不可能在其他公司找到一个指南。两个正在考虑一项潜在投资（如收购）的公司会赋予投资完全不同的价值。对于 A 公司来说，如果最低收益率是 10%，该项投资就很有吸引力了。而对于 B 公司来说，如果最低收益率是 25%，这项投资完全不能接受。区别就在于资金对每个公司的成本，也就是机会收益率，即预期可以从具有相似风险特征的备选投资获得的收益率。我们可以举例说明用什么计算方法能得出这一结论。我们把表 A-2 更改一下，让它既包括 10% 的贴现因子，也包括 25% 的贴现因子。假设 A、B 两家公司都是某项投资的惟一潜在投标者，该项投资要价 500 美元，净现金流是 150 美元。（见表 A-4）。

该投资对 A 公司来说很有吸引力，但是对 B 公司来说完全不能接受，因为投资收益率低于其 25% 的目标。假如 A 公司能够知道 B 公司的资本成本，它就能知道 B 公司根本不会对这项投资竞标。A 公司就会知道自己是惟一的竞标者。

表 A-4　净现值比较：10%对15%贴现因子

年份	现金流	(A)		(B)	
		10%贴现率 1美元现值	贴现现金流	25%贴现率 1美元现值	贴现现金流
0	$ (500)	$ 1.000	$ (500)	$ 1.000	$ (500)
1	$ 225	$ 0.952	$ 214	$ 0.885	$ 199
2	$ 225	$ 0.861	$ 194	$ 0.689	$ 155
3	$ 150	$ 0.779	$ 117	$ 0.537	$ 81
4	$ 50	$ 0.705	$ 35	$ 0.418	$ 21
合计	$ 150		$ 60 净现值		$ (44)净现值

　　如果一个公司曾成功地赚得所用资本的25%，那么一个投资机会的收益率必须达到25%才对其有吸引力。25%代表该公司的资本成本，如果一个投资机会的收益率只有15%就会被该公司拒绝。而资本成本为10%的另一家公司会觉得15%的收益潜力很吸引人，因而会接受它。两家公司分析相同的情形，却得出了不同的逻辑结论。

　　资本成本始终被认为是股权资本成本和长期债务的总和。评估一个项目是成功还是失败，我们不考虑项目是如何融资的。然而我们知道可用于投资的钱主要有两个来源：其中一个来源是负债，因负债本身节约了税收，因此其成本只是货币市场价值的一半（假设税率为50%）；另一个来源是股权，其成本就是所有者资本的机会成本。

　　有时候，有必要把合并起来的资本成本分解成负债资本成本和股权资本成本两部分，以使其容易被经营者理解，因为他们通常用股权收益来衡量结果。为了说明这一资本成本概念，我们假设一家公司由单个人拥有，其投资目标非常明确。该公司资本总额是100美元，其中30%是长期债务资本，70%是所有者的股权资本。如果优先股是一个没有偿付的固定成本，那么它将被视为债务一样。债务的税后利率为2.75%。债务资本和股权资本合并起来的100美元在各种运营条件下的税后收益如表A-5所示。

表 A-5　　100 美元投资的税后收益

总投资收益（息前）	$ 30 债务×2.75% 债务资本成本	所有者70 美元 股权的收益
$ 8.00	$ 0.825	$ 7.175
$ 9.00	$ 0.825	$ 8.175
$ 10.00	$ 0.825	$ 9.175
$ 11.00	$ 0.825	$ 10.175
$ 12.00	$ 0.825	$ 11.175

如果把这些货币值表示为 100 美元（30 美元债务，70 美元股权）投资的收益率，那么资本收益率如表 A-6 所示。

表 A-6　　100 美元投资税后收益率

收益率	债务资本成本	所有者股权收益率
8%	2.75%（ $ 0.825÷$ 30）	10.25%（ $ 7.715÷$ 70）
9%	2.75%	11.68%
10%	2.75%	13.11%
11%	2.75%	14.54%
12%	2.75%	15.96%

如果一个公司在总投资为 100 美元的情况下一直是平均赚 10 美元，债务成本是 0.825 美元，所有者股权收益是 9.175 美元。按收益率来表示的话，100 美元所赚的 10 美元就是总投资（资本成本总和）10% 的收益，但是由于长期债务资本结构中的杠杆效应，9.175 美元的股权收益就是 13.11% 的股权收益率（股权资本成本）。如果债务结构为 30%，债务平均成本为税后 2.75%，按照上面的表格我们可以很容易地把总投资收益转换成股权收益。为每一个公司及其债务股权比率制作一个类似的表格相当容易（例如，债务股权比 50/50，债务成本 2.75%，总投资收益率 10%，股权资本收益率 17.45%）。如果有机会把公司资金投资于其他项目，或者把资金重新投资业务，继

续获得债务和股权总资金至少 10% 的收益，我们将其称为资本的机会成本。这是贴现时使用的关键比率：用以确定净现值的贴现率以及比较贴现现金流收益率（DCF-ROR）使用的基准完全基于资本成本总额。股东的收益率可以来自机会成本（即他们将资金投资他处至少获得同样收益率的能力），也可以与机会成本进行比较。

评估利润项目

为一个公司评估投资计划的组成部分在任何时候都是很复杂的。投资可分为以下几大类别：（1）产生收入的项目；（2）支持性设施项目；（3）支持性服务项目；（4）成本节约项目；（5）只为达到政府要求但没有收益的投资项目。每一个项目都要进行评估，以确定其增值效果。

如果把一个项目与运营的其他部分隔离开来，对它的评估就相对清楚一些。但是有些时候预计的一个主投资项目包含几个附属项目，单独对主项目进行评估没有太大意义。在这种情况下就需要建立一个包含所有项目的主模型。有些附属项目可能在主投资之后几年才会出现，而且它们可能会（也可能不会）产生新的正向现金流。用简单的形式表示，主模型就如表 A-7 所示。假设个体项目分别为（a）、（b）和（c）（数字加起来与总数不符，只是说明格式）。

表 A-7　主项目

项目	净现值	0	1	2	3	4	5	···	15
(a)	100	(30)	(2)	14	14	13	13		40
(b)	40	—	—	(15)	5	5	5		20
(c)	(26)	—	(2)	(2)	(4)	(4)	(4)		(10)
合计	114	(30)	(4)	(3)	15	14	14		50

如果这三个项目相互关联，应该把它们作为一个单一实体进行预测。在上面的例子中，假设（a）是主要项目，如果（a）成功的话就需要在三年后加上（b），作为辅助项目；如果没有（a），那么

（b）就没有存在的理由。项目（c）可以看成是只会产生成本的新计算机（信息）系统，但是如果没有（a）和（b），（c）就不会存在。必须对所有配套投资的所有成本和所有收益进行尽可能长远的预测，这样才能评估投资的真正价值。如果不把外围的辅助投资考虑进去，那么用一个确切的折现现金流（DCF）百分比来评估投资项目非常具有误导性。实际上，这些不是独立的投资。我们只有一个投资项目——项目（abc）。评估必须针对这个新的单一实体。事后审计也只能针对这个组合起来的单一实体（abc）。

成本节约类项目一般比较容易鉴别和评估。项目所涉及的选择相对比较明确：现在投资 4 万美元购买节约劳动力的机器，该机器每年节约 1.2 万美元的劳动力成本，机器的使用寿命是 8 年，期间机器性能质量不会改变。确定净现值（NPV）和（或）贴现现金流收益率（DCF-ROR），然后决定是接受投资还是拒绝投资。这样的投资机会经常出现，但是把它们当做主项目的一部分进行预测几乎是不可能的。因此，这些投资是被当做在未来 3 年或 8 年出现或者永远都不会出现的独立投资机会而进行评估的。当这些机会出现，而且所占比例较大时，它们就会影响总投资的潜在收益。

只带来成本的项目（如花费 10 万美元来防止空气污染，否则就得停业）是经理很少面临的一个黑白分明的抉择。理想的情况是把项目作为开支而勾销，但可能需要把项目资本化而勾销。此外，项目每年可能还有相关运营支出。这种非自主投资属于支持性项目。现金流总是为负，必须作为主投资的一个有机组成部分被包括进去。数额足够大的拨款可能会大幅降低最初的预测，因而可能需要更改预测。

有了评估预期资本投资的技巧做基础，现在我们来讨论筛选项目的方法。正像前文指出的那样，从理论上讲，选择项目并不难：你可以投资任何事物，只要按合适的利润率折现后能得到一个正的净现值。而实际上，由于很多原因，在大多数经理的心目中资本有很多限制。下面让我们来看看有资本限制时，选择特定风险类别的项目所涉及的问题。

我们已经选择净现值方法作为分析不同生命周期已提议项目的方法。由于不同的生命周期因素以及每一个收益率（ROR）内在的投资因素，用贴现现金流收益率（DCF-ROR）的方法来比较项目会有误导性。超量净现值避免了这个难题。如果把不同的项目转换成盈利能力指标，选择起来就更容易了。盈利能力指标是净现值与投资之比。例如：

$$\frac{预期收益的现值}{投资} = \frac{\$\ 132\ 000}{\$\ 100\ 000} = 1.32$$

在选择项目时，如果有可用投资数额限制，那么我们就寻找一种组合方法，在不超过资金限制的情况下使组合的净现值最大化。在不突破资金限制的情况下，如果我们不能再通过替换项目来提高组合的净现值，这时我们就实现了组合净现值最大化这一目标。

要想获得令人满意的项目组合，一个方法是反复试验。我们可以把盈利能力指标作为一个指南（参见表 A-8）。然而其不同比率可能相互矛盾，其分量指标可能昭示相互冲突的行动方案。下面的例子说明了这一点：有三个潜在项目共要求 1500 美元的初始费用，但是有一个限制是不能超过 1000 美元。

表 A-8　盈利能力指数

项目	净现值	[÷]	投资：现金支出	[=]	盈利能力指数
A	\$ 1 000		\$ 600		\$ 1.67
B	\$ 700		\$ 500		\$ 1.40
C	\$ 500		\$ 400		\$ 1.25

是选择投资 A+C（现金支出 1 000 美元）还是投资 B+C（现金支出 900 美元）？由于 A+C 的净现值大于 B+C 的净现值（1 500 美元对 1 200 美元），所以应该选择 A+C，尽管 C 的比率（1.25）比 B 的比率（1.4）小。这些差异很常见。盈利能力指标必须审慎使用。需要在众多项目中进行选择时，组合过程会变得更加困难。

附录 B
客户方经理如何决定租赁还是购买

所有权可以通过无债务直接购买、融资购买，或实际上通过长期租赁而实现。在直接购买情况下，购买者拥有百分之百所有权。如果购买者（在购买前或购买后）获得融资，那么其所有权会因为对其资产控制权的限制而减少。例如，在分期付款购买情形下，购买者的出售权会受到出借人留置权的限制。而对于长期租赁来说，除非有购买选择权，否则承租人既没有出售权，也没有资产的所有剩余权。

短期租赁是这些所有权形式之外的一种选择。采用这种形式，承租人没有所有权涉及的一切风险，包括报废和维修，但是这些优点会自然地反映在租金上。如果需要在某种形式的所有权（如上面谈到的）和短期租赁之间进行选择，管理层需要考虑维修、报废风险以及所需的控制程度等因素。如果选择所有权，那么还需要进一步决定（该决定实质上只涉及财务因素）所有权的形式。本附录关注的是第二个决定，这也是从根本上来说更为复杂的决定。附录将重点讨论如何在直接购买和作为一种所有权形式的长期租赁之间进行选择。

直接购买还是长期租赁

只有对相关因素进行系统评估之后才能决定是购买还是租赁。评估必须分两步进行：第一步，必须考虑购买和租赁的优缺点；第二步，必须对两种情况下的现金流进行对比。

表 B-1 列出了租赁对于出租人和承租人的主要优点和缺点。该列表仅仅是一个指南，对租赁双方来说，优点和缺点的相关重要性取决于许多因素。主要决定因素包括公司规模、财务状况和税务法规。例如，对于一个高举债经营的上市公司来说，额外债务的缺点可能相当大，甚至是关系重大。然而这一缺点对于私营企业来说可能并不重要。

表 B-1　租赁的优缺点

对承租人的优点

◇ 资产成本 100% 融资（租赁是基于全部成本），融资条款可能单独针对承租人制定。

◇ 可以避免现有贷款契约对新债务融资的限制。没有了这些限制，承租人能够提高其债务基数，因为租赁债务一般不反映在资产负债表中，虽然租赁债务有可能要求在财务报表中以脚注的形式注明。但是应该注意的是，最近有一些贷款契约限制租赁款项承付。

◇ 租赁期内的租金一般可得到课税减免，不存在有关资产折旧年限的问题和争论。

◇ 在基本租期早期，账面净收入可能高于直接购买情况下的账面净收入。租赁期早期的租金支出一般低于公司资产所有者在损益表中扣除的利息支出和折旧之和（即使采用直线折旧法）。

◇ 国家和城市特许经营税和所得税可能减少，因为作为纳税三因素之一的资产因素被去除了。

◇ 租金全额课税减免，尽管租金部分基于土地成本。

对承租人的缺点

◇ 租赁终止时失去资产的剩余权。如果承租人拥有全部的剩余权，那么该交易不能算是真实租赁，而是一种融资。在真实租赁情形下，承租人可以有购买权和续租权，但是要想购买或续租，承租人需要在资产的全部成本被摊销之后向出租人付款。

◇ 租金高于相应债务。由于出租人一般用借入资金购买出租的资产，因此租金就是在出租人的债务基础上加了利润因子。租金数量可能会超过承租人若是购买该资产需要支付的债务。

（续表）

◇ **失去经营和融资灵活性**。如果直接购买一项资产，当有改进的新型号出现时，所有者可以把旧型号卖掉，购买新型号，或者以旧换新。在租赁情形下，这是不可能的。而且如果利率下降，承租人还得继续按原来的利率支付，而资产所有者可以以较低的利率为债务再融资。

◇ **失去资产使用早期加速折旧和利率大幅降低的税收优惠**。如果购买资产而不是租赁资产，那么这些优惠会暂时节省现金。

对出租人的优点

◇ **收益率高于直接债务性投资**。为了补偿风险和流通性的缺乏，出租人向承租人收取的实际利率（尤其是考虑到出租人的税收优惠）可以高于出租人以市场利率出借资产成本所能获得的利率。

◇ **出租人可以把出租的资产作为抵押**。当承租人有经济困境时，出租人可以收回特定资产，而不必做普通的债权人。

◇ **租赁终止时保留资产的剩余价值**。资产成本已经摊销在整个基本租期。到租赁期满时，如果承租人放弃资产，出租人可以把它出售。如果承租人续租或购买资产，那么出租人的收入几乎全部是利润。

对出租人的缺点

◇ **依赖承租人按时支付租金的能力**。

◇ 有可能遇上不可预测的税法变化：（1）减少税收优惠和相关现金流；（2）**显著延长折旧年限**。延长折旧年限会使出租人投资所依赖的预期收益减少。

◇ **后期税后现金流可能为负**。随着租赁期限的延长，租金越来越高的百分比用于摊销不享受课税减免的本金。随着租赁期限的延长，利息和折旧课税减免（按照加速折旧法）都会减少。

◇《**国内税收法典**》中的折旧冲回规定可能对**资产处置课税较高**。

分析现金流

现金流分析能使潜在的承租人对比购买和租赁两种情况下的现金状况。这实质上是一种资本预算过程。确定和对比现金流的方法应当符合该公司的资金预算政策和惯例。目前使用的对比标准有几个，其中最常见的三个标准是收益率、贴现现金流和净现金头寸。

1. **直接购买**。直接购买情况下的现金流是最初的购买价格，或者（假如与大多数情况一样用借入资金购买资产）是随后的贷款本金和利息。此外还有运营支出，如维修和保险。但是这些项目不在对比之列，因为在购买和租赁情况下（假设是净租赁），它们是一样的。折旧是非现金项目。现金流入是贷款、年度利息和折旧税收优惠，以及残值（如果有的话）。

2. 租赁。承租人的现金流比购买者的现金流更容易确定。承租人每年支付租金，租金全额课税减免。这样，在租赁期内，承租人每年有相关税收优惠补偿后的平稳现金流出。承租人的现金流不涉及残值或剩余价值，因为承租人一般没有资产所有权。表 B-2 就是购买和租赁情况下现金流的比较。

3. **比较现金流**。直接购买和租赁的年现金流一旦确定，下一步就是使用一个公认的方法（如贴现现金流）来对现金流进行比较，从而确定哪一个选择能带来更多的现金收益。在这样做的过程中，若采用的假设条件改变，例如美国国家税务局（IRS）延长折旧期或利率发生改变，要考虑这些变化带来的影响。在这种情况下，可以在分析中加入偶发因素。假设有效期为 10 年，借贷利率为 10%。如果直接购买比租赁节省 x 美元，那么：

◇ 折旧期延长两年会使直接购买的优势降至（x–y）美元。
◇ 利率上涨会会使直接购买的优势降至（x–z）美元。

表 B-2　购买和租赁的现金流比较

时间	购买								租赁			
	还本付息[a]	偿还本金	支付利息	折旧[b]	利息加折旧	50% 税收优惠	税后现金成本	累计税后现金成本	租金[c]	50% 税收优惠	税后现金成本	累计税后现金成本
1	$ 11 507	$ 3 614	$ 7 893	$ 12 500	$ 20 393	$ 10 197	$ 1 310	$ 1 310	$ 10 990	$ 5 495	$ 5 495	$ 5 495
2	$ 11 507	$ 3 912	$ 7 595	$ 11 667	$ 19 262	$ 9 631	$ 1 876	$ 3 186	$ 10 990	$ 5 495	$ 5 495	$ 10 990
3	$ 11 507	$ 4 234	$ 7 273	$ 10 833	$ 18 106	$ 9 053	$ 2 454	$ 5 640	$ 10 990	$ 5 495	$ 5 495	$ 16 485
4	$ 11 507	$ 4 583	$ 6 924	$ 10 000	$ 16 924	$ 8 462	$ 3 045	$ 8 685	$ 10 990	$ 5 495	$ 5 495	$ 21 980
5	$ 11 507	$ 4 961	$ 6 546	$ 9 167	$ 15 713	$ 7 856	$ 3 651	$ 12 336	$ 10 990	$ 5 495	$ 5 495	$ 27 475
6	$ 11 507	$ 5 370	$ 6 137	$ 8 333	$ 14 470	$ 7 235	$ 4 272	$ 16 608	$ 10 990	$ 5 495	$ 5 495	$ 32 970
7	$ 11 507	$ 5 813	$ 5 694	$ 7 500	$ 13 194	$ 6 597	$ 4 910	$ 21 518	$ 10 990	$ 5 495	$ 5 495	$ 38 465
8	$ 11 507	$ 6 292	$ 5 215	$ 6 667	$ 11 882	$ 5 941	$ 5 566	$ 27 084	$ 10 990	$ 5 495	$ 5 495	$ 43 960
9	$ 11 507	$ 6 810	$ 4 697	$ 5 833	$ 10 530	$ 5 265	$ 5 242	$ 33 326	$ 10 990	$ 5 495	$ 5 495	$ 49 455

（续表）

时间	还本付息(a) 偿还本金	支付利息	折旧(b)	利息加折旧	50%税收优惠	税后现金成本	累计税后现金成本	租金(c)	50%税收优惠	税后现金成本	累计税后现金成本
					购买				**租赁**		
10	$11 507 $7 372	$4 135	$5 000	$9 135	$4 567	$6 940	$40 266	$10 990	$5 495	$5 495	$54 950
11	$11 507 $7 979	$3 528	$4 167	$7 695	$3 848	$7 659	$47 925	$10 990	$5 495	$5 495	$6 0445
12	$11 507 $8 637	$2 870	$3 333	$6 203	$3 101	$8 406	$56 331	$10 990	$5 495	$5 495	$65 940
13	$11 507 $9 349	$2 158	$2 500	$4 658	$2 329	$9 178	$65 509	$10 990	$5 495	$5 495	$71 435
14	$11 507 $10 120	$1 387	$1 667	$3 054	$1 527	$9 980	$75 489	$10 990	$5 495	$5 495	$76 930
15	$11 507 $10 954	$553	$833	$1 386	$693	$10 814	$86 303	$10 990	$5 495	$5 495	$82 425
	$172 605 $100 000	$72 605	$100 000	$172 605	$86 302(d)	$86 303		$164 850	$82 425	$82 425(e)	

注：

（a）10万美元借债利率为8%。每季度末还本付息额足够15年分期偿还全部贷款。（b）10万美元的资产成本按15年使用年限，用年限总额折旧法折旧。假设资产没有残值。（c）在15年租期内租金按季度支付。租金根据的是7.25%的利息因子。假设承租人信用贷款利率是8%。由于出租人保留了资产的折旧收益，所以他可以根据7.25%的利息因子收取租金，虽然他购置资产是以8%的利息融资。

（d）8%利率下86 302美元购买成本的现值是41198美元。（e）8%利率下82 425美元租债成本的现值是47 034美元。

对注（d）和（e）的评论：当比较累计的税后现金成本时，购买的成本高出4000美元。但是，年度现金流出的贴现表明购买最经济，能节省大约6000美元。

可以为这些偶发因素设定概率，例如，折旧期延长两年的概率是30%，或利率上涨 0.5 个百分点的概率是 10%。这些偶发因素一旦被量化，实现预期节省额的总体概率就能计算出来了。

必须强调的一点是，收益率——现金流分析的结果——不是选择购买还是租赁的惟一决定因素，在某些情况下甚至不是主要决定因素。其他一些因素综合起来至少同等重要，如对财务报表的影响、对运营灵活性的渴望、贷款限制，以及会计、税收、经济和财务方面的其他考虑。从本质上说，这些方面是不可量化的，但是通过权衡利弊能够对它们进行相当准确的评估。

考虑税收

租赁税收有两种方法：一种是作为真实租赁，一种是作为融资方式。如果租赁被看成是真实租赁，那么在适当的时间段内承租人有权获得租金课税减免。通常情况下，适当的时间段就是按照租赁条款产生租金责任的时间段，假设租金责任时间的确定是合理的。如果租赁被看成是一种融资形式，那么承租人就被视作资产衡平法上的所有者，允许扣除折旧和利息支出。

美国国家税务局用来检验一项租赁是真实租赁还是一种融资形式的方法是评估购买选择权。如果承租人能够以低于公平市价或大约相当于直接购买资产之负债余额的价格来购买资产，那么该交易被看成是融资协议。如果承租人只能以大大超过可能的公平市价或者负债余额的价格购买资产，那么该交易可能被认为是租赁。

保护业务关系

租赁和购买决定的最后一个方面涉及出租人和承租人关系。如果出租人遇到财务困难，潜在承租人可能会受到不利影响。这种情况下，合同条款和条件可能需要变更，服务可能会被延迟或取消，或者由于出租人违约，贷方可能会没收这一财产。虽然协议中的谨慎措辞有一定保护作用，但是承租人有必要对潜在出租人的财务状况、商业信誉及其与客户的关系进行调查。如果调查结果不利，潜在承租人仍然可以依靠协议中的保护性条款进行租赁，或者干脆放弃租赁，至少不从那一家出租方租赁。

附录 C
客户方经理如何用数字来规划和评估投资

客户方经理用"数字"来管理运营。大量的钱被投进去了，必须赚回来更多的钱，或者是节约了成本，或者是增加了收入。这些数字告诉他们该把钱投到哪里，投入的钱盈利情况如何，应该再多投入或少投入多少钱，以便于能够赚更多的钱。

经验告诉他们如何做才能最赚钱。他们从自己的经验教训中总结出了一些公式，这些公式是他们的管理捷径。他们用公式来规划在哪里进行投资，用公式来评估投资效果。无论是自己管理投资还是与合作伙伴共同管理投资，他们都会用这些公式来管理运营投资。

在客户方经理和顾问式销售合作伙伴的互动中，有以下四个公式将被用到：

◇ 价值创造策略公式；
◇ 盈利策略公式；
◇ 定价策略公式；
◇ 收益分享策略公式。

在图 C-1 的价值创造公式中，顾问式销售者充当客户增量利润的贡献者，但同时也可能要求客户进行增量投资。

$$\frac{增量利润}{增量投资} = 增值价值$$

图 C-1 价值再创造公式

在图 C-2 的利润创造公式中，销售者充当客户的收益提高者或成本降低者。

```
增加的收益+降低的成本=提高的利润
```

图 C-2　盈利公式

在图 C-3 的定价公式中，销售者提高客户的利润率和销售量来提高收益。

```
利润率×销售量=收益
```

图 C-3　定价公式

在图 C-4 的利润分享公式中，销售者提高客户的总收入增量来提高可分享的总收益。

```
与供应商合伙获得的总收入增量×供应商在合伙关系分享中所占百分比=
分享的利润
```

图 C-4　收益分享公式

资金不足是生意场上的老生常谈，所有的客户经理都缺钱。可用资金越多，将这些资金用以投资的机会也就越多。资金缺乏问题的现实解决办法不是更多的资金（不是无法得到，就是负担不起），而是用更具成本效益的方式来分配资金以创造价值。

如果把帕累托法则，即 80/20 法则，应用到商业上，那就是少于 20% 的资金能做出超过 80% 的利润贡献。这些钱是花在最富有成效策略上的钱，这些策略最大限度提高绩效最高的业务线的收入，或最大限度降低绩效最高的业务部门的成本。这些资金能够以最快的速度、最大的把握增加最多的价值。

结果证明这些资金是客户经理的最佳赌注。它们不仅通过新收益和新节余提高了利润，而且在这样做的同时，它们也创造了新资金，有了这些新资金就可以把更多的资金投入循环以产生更多的资金。这就可以使一个企业免于摊薄资产或越来越依赖资本市场的放债人。

注入的资金首先应当流向创造资金的关键业务线和业务部门。结果证明这些资金是可盈利市场份额和低成本供应的最大贡献者，始终应当获得最高的收益。下面的公式旨在帮助客户及其合作伙伴合理配置资金。

$$\frac{增量利润}{增量投资}=增值价值$$

资金的配置有两种类型。一种是强制性的，是出于延续业务的需要。没有人会问为什么要这样做，需要做的决策只涉及配置多少资金以及何时进行。另一种是酌情行事。配备资金的数量以及时间的选择都视机会而定，以期抓住竞争优势。酌情行事的投资机会是在强制性投资基础上的增量投资，必须能够赚回成本并且获利才说得过去。

并不是所有能够带来利润的增量投资都是一样的。有些投资每一美元获得的利润更大。有些投资可能获得的利润较小，但会更快实现。还有一些投资可能利润更小，实现利润更慢，但更可靠，因为风险更低。获利多少、获利速度和安全性这三个变量总是互相冲突。潜在利润越大，实现利润的速度越慢，且风险越高。

用可能性最大的预期增量利润除以增量投资，可以对投资的潜在利润进行估计，既包括利润的总货币价值，也包括每一美元增值能力的百分比。价值成倍增长是投资的首要目标。调整速度和风险的影响后，有望增长倍数最多的投资最优先。

评估资金分配收益率的公式是利润除以投资。该公式回答了这一问题："我们应该把钱投到哪里才能赚回最多的钱？"拟投入的本金是筹码，而推动投资的是超过本金数值的增量。

利润除以投资（利润÷投资）是客户制定投资决策时使用的一个经验法则。低于最低预期收益率的投资都被自动筛选掉了。这个最低收益率把潜在的投资分为下一步投资、循环投资、垃圾投资这三类。

可以通过两种方法来提高利润：减少客户运营成本或者提高客户可盈利的收入。当成本降低时，所节约成本的货币价值几乎全部进入客户的最终收益。而收入增加时，必须先刨去赚取这些收入的成本才能计算收入的净值。

一般说来，通过减少成本来提高利润要比通过增加收入来提高利润更容易。因为成本是公司内部因素，所以人们更了解成本，也更容易控制成本。然而要估计收入增长却不容易。预测是一门不精确的科学，而市场又是不可预测的。市场与成本不一样，市场属于公司外部因素，是不可控制的。

然而，由可盈利收入增长而提高的 1 美元的利润代表着增长，它比节约成本省下的 1 美元更受人尊重。两者的区别是"销售增长"和"购买增长"。不应该小看控制成本，但是每一家公司营业的目的都是这两个字：赚钱。提高新的收入流证明公司懂得其存在的原因。

减少成本和增加收入有一个共同点：它们都需要用于投资的钱。可以根据成本效益来确定哪个地方最值得投资：投入 1 美元是不是更有可能减少超过 1 美元的成本？还是更有可能增加收益？哪个运营成本最有可能最大幅度地减少？销往哪个市场的哪个业务线产生的哪个收入流最有可能增长最多或最快？

利润可以通过以下任何一种方法得到提高：只通过增加收益或只通过降低成本。有时候可以同时通过两种方法来提高利润。通过增加库存的当天出货数量可以增加收益，同时也能减少库存保有成本。这种情况下，公式中的两部分之和就是提高的总利润。

增加的收益+降低的成本＝提高的利润

该公式可以转换成一个定价运算法：

利润率×数量＝收益

◇ 增加的收益既可以来自通过提高销售量而增加的收入流的货币价值，也可以来自通过更快地产生收入流以使其更快地用于投资所增加的时间价值。

◇ 降低的成本可以来自从一项运营中将多余的成本砍掉，从而保持低成本运营，也可以来自将全部成本消除，因为劳动强度被降低或者工作流量被缩短或迁移。成本一旦被节省，人们就假定它将永远节省下去，永不再出现。

持续提高的利润是持续增长的源泉。这是每一个企业的目标。为了实现这一目标，收入必须逐年增长，成本必须进行管理，以使成本保持稳定或至少使其增速低于收入的增速。

利润提高公式的计算结果标志着一家公司作为成长型企业的可靠程度。如果一家企业的利润提高率每年都在增长，这说明这是一家管理得很好的企业，也是一个极好的投资机会。同时，这也使企业更容易获得资金。

价格是赚钱的关键。定价权是业务线管理层最重要的特权。如果定价权打折出售给客户的客户，或者委托给竞争对手，那么业务线经理就等于把经营权让给了局外人。谁控制了定价权，谁就控制了业务。

价格由成本加利润构成。这两者中，利润比成本更多变。因此控制利润就控制了价格。利润不应该被看成是超过成本的部分，而应该看成是价格的起点，在此基础上加入成本。这样就可以使用源于利润的积极价格策略，而不是回收成本的防御性价格策略。

由于利润是对价值的酬报，始于利润的价格也就始于价值。销售量是一种成本，它是规模销售的成本。始于销售量的价格也就始于成本。

利润不能由销售量来弥补。销售量应有的作用是利润的乘数，而不是利润的替代者。如果单位利润为零，那么不管销售量是 1 个单位还是 100 个单位，利润都是零。即使全部销售出去，100 个单位中每一个单位增加的销售成本会使总利润变成负数，虽然单位利润可能为正数。

如果根据销售量来定价，所定价格要定很低才能促成足够的销售。利润得打折，这样价格才能降下来。同时，销售量成本会上升。价格越低，销售量成本越高。同样，销售量越大，价格越低。

通过从下面的利润而不是从上面的成本来定价，不管销售量为多少，收益都会有保证。这就避免了利润被谈判所操纵。但是利润惟一正当的理由是超过它本身的价值。这样，无论定价多高，价格都很划算。

如果价格源于利润，那么利润就源于价值。与利润一样，价值必须货币化。这样客户就能计算出每一美元的价格能够购买多少美元的增值价值——也就是说，每一美元能购买多少利润。

基于销售量的价格意味着商品和服务。客户用最少的成本购买商品。成本是他们惟一的区分物。如果不能为商品的技术增加独特的价值，那么就必须为商品的应用结果增加独特的价值，这样才有理由获得相应的利润。商品的最终价格将反映商品的应用而不是商品的制造为客户增加的价值。

高利润能够消化规模销售带来的销售量成本的增加。单位利润是 10 美元的话，每增加 100 个单位的销售量就会产生 1 000 美元的利润。在这种情况下，销售量就成了收益的加速器，而不是无利润的现金流，或者更糟糕的是成为无法收回的成本。

利润率×数量=收益，这一公式允许计划的价格有最低可接受利润。计算最低可接受利润依据的是客户有可能能从要求其投入的每一美元高利润率投资中得到多少价值。满足客户投资收益率的最小价值表明供应商的销售利润。

收益分享是价格之外的另一种选择。供应商得到的报酬是客户从供应商的应用中所获收益的可变份额，而不是为交换产品或服务事先支付的固定数量的钱。

实行收益分享的供应商因其产品或服务作为收入创造者和成本节约者的绩效而得到报酬。没有绩效就等于没有报酬。收益创造出来以后，事先商定好的一定份额返给供应商。份额的多少根据规定期限内增加收入或节约成本的百分比。

分享收益时，风险也要分担。供应商分享的收益是对其分担客户风险的补偿。为了确保得到的补偿与分担的风险相称，随着供应商的投入加大，其分享的收益也相应提高。

◇ 按照成本给客户开账单并冒着风险让所得利润取决于为客户利润所做
  贡献的供应商,可以得到最小的收益分成。既然其成本已经包括在内
  了,供应商不会亏损;对他来说最糟糕的情况是收支相抵。

◇ 直到创造出可分享的收益才收取成本和利润的供应商,可以长期得到
  更高的收益分成。为了尽早收回成本,他可能会这样安排:在将收益
  分给合作伙伴之前,用最初的现金流支付其成本。

◇ 保证客户最小总收益的供应商,可以获得最大的收益分成,因为他既
  承担了自己的风险也承担了客户的全部风险。

　　收益分享要求供应商和客户按照一个接一个基准逐步衡量伙伴关系创造
的收益。一般是每季度按基准测量一次,这与每季度报告结果协调一致。供
应商通常分得小份额。如果供应商既为一项应用出资又为其结果保证最低限
度的收益,这种情况下供应商有理由在短期内获得大部分收益。

　　收益分享的公式如下。这一公式把供应商定位成价值提供者,而不是产
品或服务提供者。价值来自于实施供应商应用专长的结果。

与供应商合伙获得的总收入增量×供应商在合伙关系分享
中所占百分比=分享的收益

　　应用专长意味着供应商了解将在此进行产品安装的客户运营。如
果没有供应商的应用专长和运营知识,收益分享就无从谈起。仅仅靠
销售产品或服务不能进行收益分享。供应商收取价格被认为是对其价
值进行补偿,而价格等于成本加利润。收益分享用来回报供应商为客
户增加的价值,而不是为他自己的产品或服务增加的价值。

《顾问式销售——向高层进行高利润销售的哈南方法（第八版）》
编读互动信息卡

亲爱的读者：

    感谢您购买本书。只要您以以下三种方式之一成为普华公司的会员，即可免费获得普华每月新书信息快递，在线订购图书或向我们邮购图书时可获得免付图书邮寄费的优惠：①详细填写本卡并以**传真（复印有效）**或邮寄返回给我们；②登录普华公司官网注册成为普华会员；③关注微博：@普华文化（新浪微博）。会员单笔订购金额满 300 元，可免费获赠普华当月新书一本。

哪些因素促使您购买本书（可多选）

○本书摆放在书店显著位置   ○封面推荐   ○书名

○作者及出版社   ○封面设计及版式   ○媒体书评

○前言   ○内容   ○价格

○其他（   ）

您最近三个月购买的其他经济管理类图书有

1.《   》   2.《   》

3.《   》   4.《   》

您还希望我们提供的服务有

1. 作者讲座或培训   2. 附赠光盘

3. 新书信息   4. 其他（   ）

请附阁下资料，便于我们向您提供图书信息

姓   名   联系电话   职   务

电子邮箱   工作单位

地   址

地   址：北京市东城区龙潭路甲 3 号翔龙大厦 218 室

              北京普华文化发展有限公司（100061）

传   真：010–67120121

读者热线：010–67129879   010–67133481

投稿邮箱：tougao@puhuabook.com，或请登录普华官网"作者投稿专区"。

购书电话：010–67129212   淘宝店网址：http：//shop60686916.taobao.com

媒体及活动联系电话：010–67129872–830 邮件地址：liujun@puhuabook.com

普华官网：http：//www.puhuabook.com.cn

博   客：http：//blog.sina.com.cn/u/1812635437

新浪微博：@普华文化（关注微博，免费订阅普华每月新书信息速递）